横山路子

# 子育ては、なんとかなる！

頑張り過ぎず、子どものいいところを伸ばす

# はじめに

数多くの中から、この本を手に取って下さり、ありがとうございます。

母が保育士だったせいか、子どもの頃から私のまわりにはボードゲームやおもちゃや絵本が身近にありました。大学時代、私は京都で夜間保育園のアルバイトをしました。そこは日本で初めて夜間保育園を開いたお寺で、色んな事情を抱えた子どもたちがいたのですが、そんな保育園や学童保育の仕事で意外にも役に立ったのが、子どもの頃に遊んだアナログなおもちゃでした。その後、私は京都の「ぱふ」、さらに十年後には静岡の「百町森」で働くことになり、百町森で働きながら子どもを産みました。

でも子どもを育てるようになると、それまで勉強したことや、育児書に書いていることは何一つ我が子には当てはまらず、とても慌てました。頭でっかちだった分、マイナスからのスタートです。それまでの自分がどれだけ机上の知識だけで仕事をしていたかに気付いたのです。そんなふうにバタバタオロオロと体当たり育児をしていると、百町森のオーナーから

「その様子を文章にしてみたら？」と言っていただき、会員向け通信の連載が始まりました。恥も外聞も捨てて自分のダメさをさらけ出す連載です。幸いエピソードには事欠きませんでしたが、文章にする時に決めていたことがあります。

「自分を格好良く見せようとしない」

「デキる母を装わない」

だから書いてあるのは、失敗、挫折、また失敗の連続。

この本は「この一冊を読めば大丈夫」とか「こうするのがベター」という育児のハウツー本ではありません。育児は人それぞれ。とはいえ、子ども3人、10年分の記録なので、何か少しは重なる部分もあるでしょう。こんな人でも子育てできるのね、だったら私もできるかな、なんて勇気を持っていただけると幸いです。

そしてこんな私でも、最近、ようやく「子育ては、なんとかなるもんだ」と、言えるようになりました。私の失敗の数々が、どうか、みなさんのお役に立てますように。

※本書は「百町森」で連載していた時間軸の順番ではなく、エピソードで分けています。そのためページによって子どもの年齢が前後しますこと、ご了承下さい。またイラストも当時のまま載せています。

# 目次

## 第8章 兄弟・じいじ・ばあば の巻 135



## 第9章 サンタクロースは本当にいる？ の巻 153



## 第10章 子どもの成長を感じた瞬間 の巻 165

第１章

# 妊娠・出産の巻

総合病院での出産から、
助産師さんとの出産、
新生児集中治療室までのいろいろ。

# 妊娠発覚の瞬間

はじまりは、「妊娠してますよ」の一言でした。

「大体2ケ月だね。これが赤ちゃんですよ」。

全く予定外の妊娠が判明したのは、私が働いていたお店のクリスマス商戦ど真ん中の12月初めのことでした。豆粒みたいな赤ちゃんの超音波写真を握りしめ、私は途方に暮れました。おもちゃ屋の仕事を始めて10年、ほとんど休んだことなどなかったし、その年は、それまでで一番充実した時を過ごしていたのです。次の年にはドイツに行こうとも決めていました。私はその時点で母になる気などさらさらなかったのです。そんな私が妊娠なんて！　周りの祝福の言葉をしり目に、ただただパニックに陥っていました。

それまでの私は「糸の切れた凧」と形容されるほどに、勝手気ままな生活を満喫していました。仕事もプライベートも自分のペースでしてきたのに。それが妊娠や出産、子育てなどに乱される…と考えると憂鬱になりました。友人、知人たちの説得力あふれる体験談。つわりで何も食べられない、集中できない、腰は痛い、眠れない、腹は出る、乳は垂れる…。それらの情報は、出産未経験者である私の不安をあおるのに十分でした。ただでさえ「ちゃんと産めないかも」「育てられないかも」「またゼロからスタートしなきゃならないの？」と心配していたのに。たくさんのことが渦を巻いて押し寄せてき、恐怖さえ感じる日々を送りました。

そんなわけで、当時32才で初産婦となった私は悶々とした日々を送っていました。でも結局のところ「良い母にはなれない」と、あれこれ言い訳していたにすぎません。

「育てるんじゃなくて、子どもと一緒にやっていく、でいいんじゃないの？」

という夫のこの一言で、私の腹は決まりました。

その当時、母になる気さえなかった私が、今では「産めるだけ産むぞー！」と吠えるまでになったのだから、人生、何がどうなるかわからないものです。

# つわりと食欲の日々

私が子どもを産むまでの間で大変だったのがが「つわり」。身体が胎児を受け入れるまでの一種のアレルギー反応らしいのですが、やたらと眠くて、寝ても寝ても寝足りない。「眠りづわり」です。それに加えて、たまらなく胸がムカムカ。すっぱい物を食べれば収まるような気がして、一生懸命レモンやグレープフルーツを頬張ります。口に何かが入っているうちは良いのですが、なくなった途端にムカムカ…。必然的に常に何かを口に入れていました。それが「食べづわり」だと知った頃には既に偏食もピークに差しかかっており、体重は４kg増。「臭いづわり」ではお米の炊ける匂い、野菜を茹でる匂い、ダシの匂い、湯気の匂い、コーヒーの匂いが、もう我慢なりません。白米、醤油、マヨネーズは食べられず、こうなるともはや町中が敵です。おでんがあるからコンビニには行けなくなり、惣菜の匂いがする商店街や百貨店も歩けません。お風呂の湯気にも吐き気を催し、毎日吐きながらの短時間入浴です。

そんな時はまり食いしたのがプチトマト。息子の３分の１はトマトでできているのではと思えるほど。これは仕事中もポケットに携帯し、いつも口にしていました。また白米がダメになってから、唯一大丈夫だったお米が、レトルトのパキスタン米。これをブロッコリーと一緒に電子レンジで加熱し塩を振る、という謎の献立がたまらなくおいしく、来る日も来る日も食べ続けました。途中からは刺身を塩で食べるというのが加わります。

つわりが抜けると今度は鬼のような食欲との戦いです。テレビＣＭで見たものが片っ端から食べたくなり、買ってこいと夫に迫ります。スイカは半分に切って抱えながら食べ、止められると泣きながら抗議。口には入るまで泣き通しです。８ヶ月を過ぎる頃からはトンカツに恋しました。毎食でも食べたいのです。しまいには夢に出てくる始末。罪を犯してでも食べかねない妊婦でした。

レモン
オレンジが
おススメ♥
スッキリしました
アロマオイルの香
妊婦禁忌に
気をつけて。

「赤ちゃんはね、お母さんが摂った栄養を少しもらうので充分なんだから、２人分食べようなんて思わないで。体重増加は７kgまでに抑えましょうね」と産婦人科で最初にそう釘を刺され、元気良く「はい！」と答えた私。しかしその10ケ月後、私の体重はあろうことか21kgも増えてしまいました……。

## なかなか出てこない！

好き勝手な妊婦生活の結果が21kgもの体重増加。手足はもとより、顔もお尻もむくんでパンパンでしたが、幸い中毒症にもならず、実にお気楽に過ごしました。しかしそんな私にも、太り過ぎのツケは確実に回ってきました。

36時間の陣痛。私自身は自業自得ですが、気の毒なのは立ち会った夫です。お腹につけた陣痛の強さを測る機械からはレシートのような紙にグラフが印字されて出てくるのですが、長い陣痛のおかげ（？）で、助産師さんより素早くその数値を読むという特技を身に付けました。私は体感する痛みは同じなのに子どもを産むには力が足りない『微弱陣痛』というどうしようもない症状に陥っていました。

「食べられたら何か食べて、少し眠りなさいよ」と無茶なことを言う先生。3分置きの陣痛で、どうやって眠るんだ? 朦朧とする意識でうらめしく思いましたが、どうやら無痛の1分くらいは眠っていたようです。人間、やればできるもんです。

しかも早期破水なども併発。胎児が細菌感染する危険性を考慮して時間との闘いとなり、結局は陣痛促進剤の力を借りることになりました。子どもが出る、という段階になって初めて、私は陣痛の強さがどれだけ必要か思い知りました。あの痛みがイキむ原動力なのね。イキんでる最中、驚くことに赤ちゃんの心臓は止まって(!)しまいます。だからできるだけ少ないイキみの回数で、できるだけ早く産むために、すごい力が必要なのです。母親教室なども全く参加しなかったため、すべてがぶっつけ本番。ドラマみたいに「キャー!」とか「うー」などとも言えませんでした。本当に力を入れる時って、声なんか出ないいんですね。

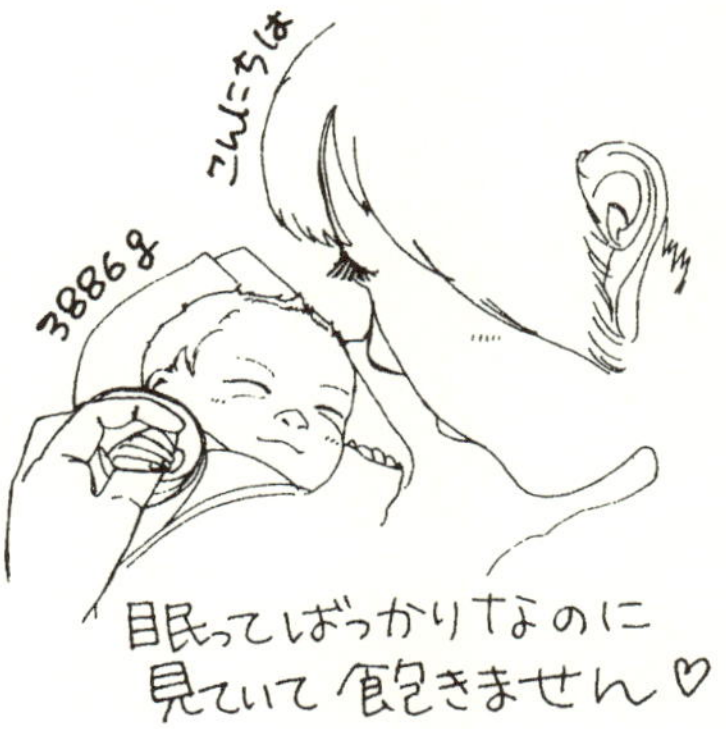
こんにちは
3886g
眠ってばっかりなのに
見ていて飽きません♡

子どもが出てくるんじゃなかったら、到底我慢なんてできない猛烈な痛みの後に待っていたのは…爽快感でした。あんなにスッキリした経験は他にありません。

「お～、でかいなぁ」と出てきた息子を胸にのせてくれ、初対面。温かい彼に触れながら、〝よかったー。この子は、こんな痛い目に会わなくて良いんだ。〟と、そんな思いが頭をよぎりました。

### 微弱陣痛とは？

通常よりも陣痛が弱い状態のことを言うそうです。原因はさまざまで、子宮筋腫がある場合や、双子の場合、加齢、逆子、肥満など。いずれにせよ太り過ぎは禁物です。

## 助産院で産む決意をする

2人目の出産は助産院でと決めていました。1人目の時に21kgも太ってしまったため、私は誓いをたてました。夜中にアイスクリームを食べない、8カ月を過ぎたらトンカツに手を出さない。冗談のように聞こえるかもしれませんが、当時の私は真剣そのものです。

　助産院を選んだのには理由がありました。総合病院での出産は、陣痛が始まるとお腹には赤ちゃんの心音を聞いたり、陣痛の強さを計る機器が装備され、腕には点滴、部屋には心音が大音量で響いていて、機器がズレると心音が聞こえなくなって心配になってみたり…それがイヤでした。そして会陰切開！　産後、傷は長く傷みました。助産院で出産を経験した友人の「産まれた瞬間から、一緒に生活するから安心よ」という言葉も響きました。

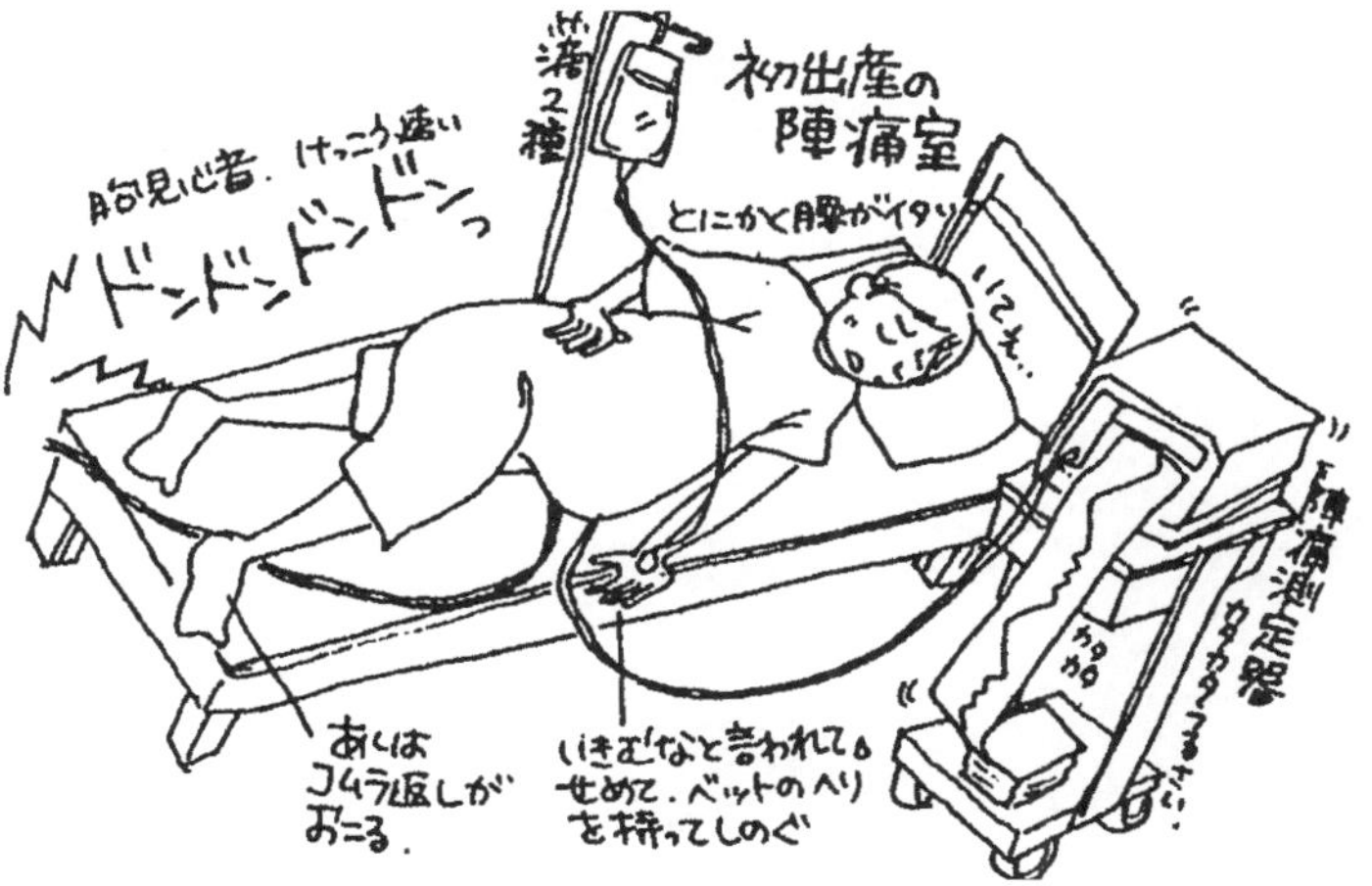

# さらしの腹帯は最高！

出産場所として私が選んだのは、自宅から徒歩５分の助産院でした。そこで、助産師暦四十年、取り上げた赤ん坊はなんと四千人以上（！）という人間国宝級超ベテランの助産師さんに出会いました。

「お産はね、辛いけど、女の誇りだよ。あたしたちはね、その痛みの終わりがわかるから手伝えるんだ。これは逆立ちしても男にゃ無理さ」。その言葉に、私は「ここで産もう」と決めました。

多分、職人技なんでしょう。助産院では様々なことが頑固なほど「昔ながらの」方法でしたが、私にはと

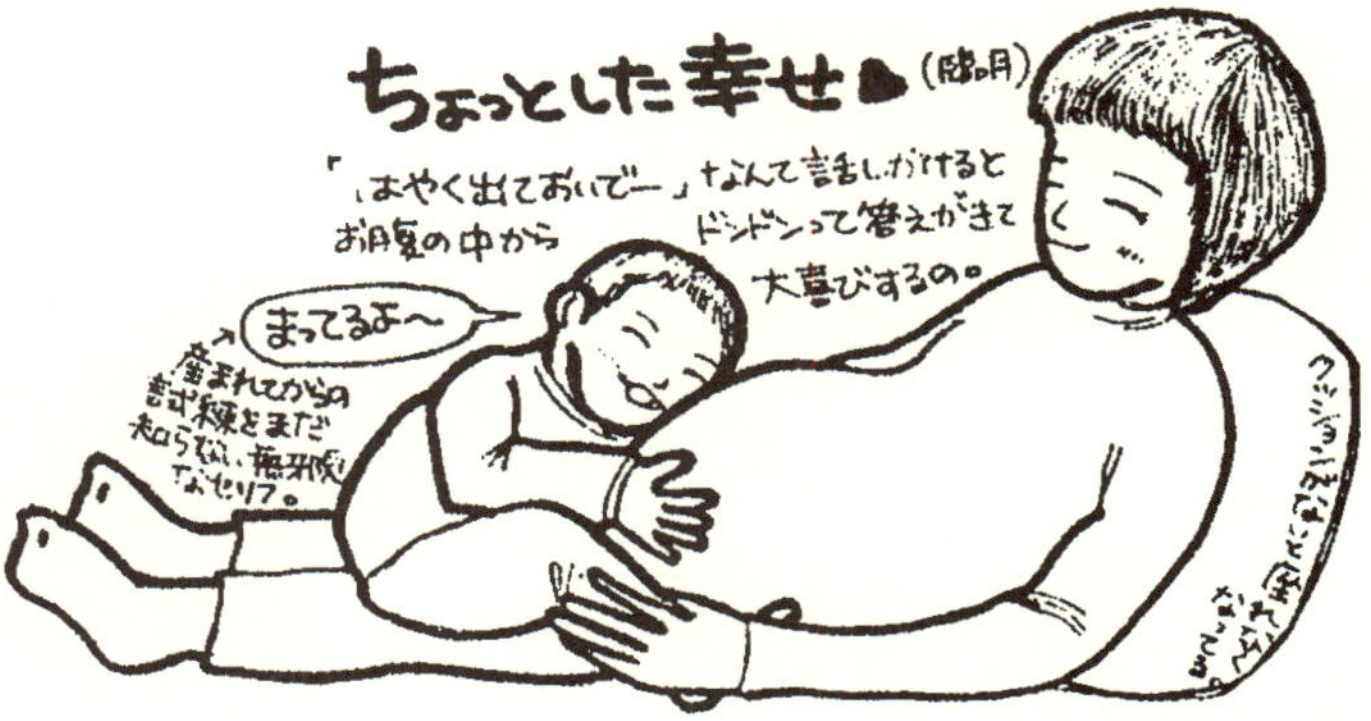

ても新鮮。意味を教えてもらいながら、彼女のいろんな助産話も聞くのも楽しみでした。

超音波で確認したのは妊婦検診の初回だけ。あとは出産まで一度も映像を見ることはなく、お腹をゆっくり触り「元気ないい子だよ」と確認してくれます。ちょっとした生活の乱れや心の動きまで、お腹を触るだけで言い当てられてしまうので驚きました。

5ヶ月戌の日にはさらしの腹帯を巻きました。「犬はね、多産で安産の象徴だからね」と、安産を願って力一杯『寿』と朱を入れてもらい、出産寸前まで愛用しました。日ごと、さらしがお腹をまわる回数が減るので、自分のお腹が大きくなっていく様が体感できましたし、何よりあんなに夏涼しく、冬温かく快適に過ごせるものを知りません。前回の出産で腹帯を知らずにガードルを使い、あせもに悩まされ、散々な思いをしたのが悔やまれます。

8ヶ月すぎで逆子になった時、「ここまできたら自分で元に戻ってもらうしかないね」と言いながら、1日2回のお灸と逆子体操を教えてくれました。体操はするでしょうが、病院では使わないだろうお灸が、効いてる！って感じなのです。運良く臨月で元に戻りました。

身内とやりとりするような気軽さで過ごした妊娠期間を経て、私は予定日より1週間早く出産を迎えます。

# 全然違った！

出産当日の明け方4時、ドーンと突き上げるような痛みに飛び起き、「ついに来た」と身が引き締まりました。9時にはすでに10分おきに。

「おかーちゃんおなかいたいの？」と目にいっぱい涙をためて聞く2歳5ケ月の息子に平静を装いつつ、陣痛の合間に保育園へ送ったその足で助産院に向かいます。

「今日、出るね。子宮口、4センチ開いてるよ」。

前回の出産で36時間飲まず食わず汗だく、という苦い思い出が頭をよぎり、一度帰宅して食事と入浴を済ませることにしました。夫に連絡し、母が握ってくれたおむすびを平らげて、入浴します。13時に夫が帰宅。歩いて助産院へと引き返します。この間ずっと、すでに5分間隔となった陣痛の合間を縫っての行動です。

「もう出したい？」と聞かれ「出そう」と答えると、「じゃ、産もう」と分娩台（という名の

正座をすると開いた骨盤が正常に戻るんだって。
正座で授乳し

普通のベッド）へ。

「無理にいきむのを我慢しなくていいから自然にね」。（へ？いいの？）ひたすら「いきむな」と言われた病院の陣痛室はなんだったの？

陣痛の合間に世間話などしていると、ほどなく子宮口は全開して破水。襲い来る本格的な痛みに「しまった、これだった！」とやっと前回を思い出し、後悔することしばし。

「まー、頭の大きい子だよ。ゆっくり出すよ」と助産師さん。陣痛の間隔がさらに短くなり、寄せては返す痛みとともに長女アカネがやってきました。３８１０g、頭囲が35㎝の赤ちゃん。助産院に到着してから一時間半、会陰切開なし！

助産師さんは赤ちゃんが出てくるまでの短い時間に会陰を柔らかくし、大きな頭が出ても裂けないで伸びるようにしてくれていました。傷のない産後は驚くほど楽です。出産1時間後には和式トイレで用を足し、あぐらをかいて座れるのですから。

出産翌日の乳腺開通マッサージも特筆もの。気持ち良く揉みほぐされてほとばしり出たおっぱいは、その後一度もカチンコチンになりませんでした。職人技万歳！です。

ところが。元気一杯で産まれたはずなのに、生後９日目に入院してしまいました。

## 赤ちゃんの体重が減って「NICU」へ

3810gのビッグサイズで産まれたアカネでしたが、生後7日目には3400gを下回っていました。黄疸がきついので経過注意のおまけ付きで、退院し自宅に帰りました。

生後9日目の朝、黄疸の数値計測ため助産院へ。体重はさらに減少し、黄疸の数値は高騰。母乳性黄疸かもしれないので、一旦ミルクに切り替えることにしました。が、おっぱいに慣れた娘は哺乳瓶を嫌がり、四苦八苦して飲ませたミルクも吐き出してしまいます。そうこうしているうちに、泣くこともやめ、眠ってばかりになってしまいました。さすがの私も心配になり、母に同乗してもらい、新生児を見てくれる小児科を受診します。医師は娘をひと目見て、総合病院に行くようにと紹介状を書いてくれました。ぐったりした娘を抱き、泣きそうになりながらもその足で、救命救急に急ぎました。

血液検査の後、小児科医からNICU（新生児集中治療室）への入院を告げられます。黄疸の数値が平常の4倍ぐらいになっていて、このままでは脳に障害が起きる、さらに、半日のミルクボイコットで脱水症状になっている、とのことでした。その時、娘の腕には針がささっており、1時間に4㏄ずつ栄養剤が点滴され始めていました。数日間は直接授乳ができなくなるから、許可を得てわずかな時間おっぱいを含ませます。

30分後、娘はNICUに移動。私は廊下で処置決定を待ちます。夫が来てくれましたが不安で長い待ち時間でした。

2時間後、入室を許された私たち夫婦の前には、保育器の中目隠しをして光線を浴びながら、複数の点滴をするアカネがいました。私は涙がとまりません。NICUは付き添いができないのです。黄疸の数値が下がり、体重が増えて退院するまで、面会は一日二回、入室できるのは両親のみ。点滴が終わればし、哺乳瓶で母乳を飲ませてくれるといわれ、その日から一日

## 新生児の黄疸とは？

新生児は大人よりも赤血球の数が多く黄疸が出やすく、その理由はさまざま。十分に母乳を飲めていない場合や、出産時に損傷を受けた場合など。一時的に体重が減ることはあるそうですが、様子がおかしいと思ったら素人判断ではなく、まずは病院で診てもらいましょう。

600ccの搾乳を開始。朝、息子を保育園に送り、面会へ。昼前に帰宅し、搾乳して2時間の仮眠。午後、面会して息子のお迎え。火事場のクソ力的なパワーでアカネの入院生活が始まりました。

私がお世話になったNICUの場合、20人近くいた赤ちゃんの大半はとても小さく産まれた子たちでしたが、なかには重大な病気をかかえた子もいるようでした。入室が許可された両親が廊下のインターフォンで名前を伝えると解錠されます。扉の向こうの消毒液の匂いのする通路を進み2つ目の扉をくぐった準備室でロッカーに荷物を置き、消毒洗剤で肘まで2度洗い、足元のボタンを踏んで3つ目のドアを抜けると、ようやく我が子と対面が果たせます。室内にはオルゴールが流れていますが、機器からは全員の心音やタイマーの音が絶えずしていて、ただならぬ緊迫感です。それでも医師や看護婦さんたちの表情は明るく、修羅場をくぐってきている小さな命たちを可

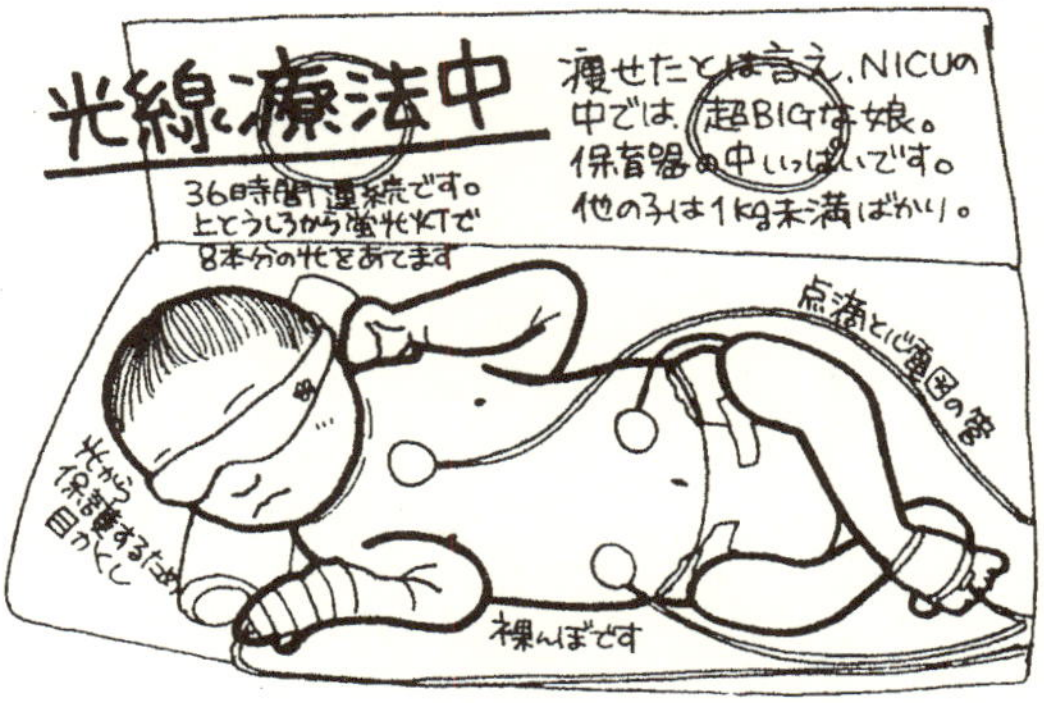
光線療法中
36時間連続です。上とうしろから蛍光灯で8本分の光をあてます
痩せたとは言え、NICUの中では、超BIGな娘。保育器の中いっぱいです。他の子は1kg未満ばかり。
点滴と心電図の管
光から保護するため目かくし
裸んぼです

愛がり、丁寧にケアしてくれていました。

彼らは会うたびに、私が見ていない時のアカネの様子を知らせ、必ず「気になることはない？」と訊いてくれるのです。親の不安な気持ちを受け止めてくれるその言葉に救われました。

光線治療の間、ひたすら眠り続けた娘は、入院から2日で別人のようになりました。どんよりと黄色く濁った目は薄紙を剥いだように澄みはじめ、黄土色だった肌に赤みがさしてきたのです。私を見てニッコリしたりするものですから、触れられない辛さが身に堪えます。

4日後、点滴の管の数が減り、直接授乳が許可、とうとう保育器から脱出です。私は短いけれど、沐浴と授乳のとろけるような幸せな時間を手に入れます。そして薬に頼らずに黄疸物質が排出され、数値が下がるのを一日千秋の思いで待ちます。黄疸数値が標準値以下になり、体重増加の条件をクリアしたのは10日後。晴れて退院です！

「聴覚に障害の出る可能性があります」のおまけ付きでしたが、それはそれ。やっと一区切りつき、家族が揃いました。

## 胎児の記憶はあるの？

４人家族の生活がしっくりし始めた頃、私は夫と、ずっと楽しみにしていた「胎児の記憶を聞く」機会を画策し始めました。胎内でのことは、誰もがみんな覚えているけれど、物心つくと忘れていってしまう、と知人から聞いていたからです。聞き出す時期は２歳半～３歳。つまり、質問の意味は理解できるが答えを創作したりはできない頃が良いとのこと。ちょうどタクミは２歳６ヶ月、いい時期です。この日のため、赤ちゃんがどうやって産まれるか、お腹の中がどうなっているかなどは意識的に話すことを避けてきました。

**私**　「ねぇ、タクちゃん。アカネちゃんがうちにきてよかったねぇ」
**息子**　「うん、うれしくってぴょんぴょんしちゃうよ」
**私**　「タクもね、お母ちゃんのお腹の中にいたんだけど、覚えてる？」

**息子**「うん、おぼえてるよー」（やった！大成功！）

**私**「ふーん、何してた？」

**息子**「あのね、ボールぽーんぽーんってしてたんだよ」（ボールって何？へその緒？）

**私**「何か聞こえた？」

**息子**「おかあちゃんがタクちゃーん、っていってた。それからおうたがきこえたよ」

（妊娠中に名前を決めて呼び、夫がよく歌っていました）

**私**「それから？」

**息子**「うん、それでね、えいっえいって、でてきたんだよ。そしたらね、あーでてきたー、っておかあちゃんがいったの（出産に36時間もかかったため、「あー出てきたー」と思わず言ってしまったのです）。だからこれが（私を指差して）おかあちゃんなんだよ、ねー、おとうちゃんっ」

すてき！本当に覚えてるなんて。もっと根掘り葉掘り聞きたいのをグッと我慢して、さりげなさを演出しましたが、嬉しくて嬉しくて胸はドキドキ、涙はポロポロで大変でした。

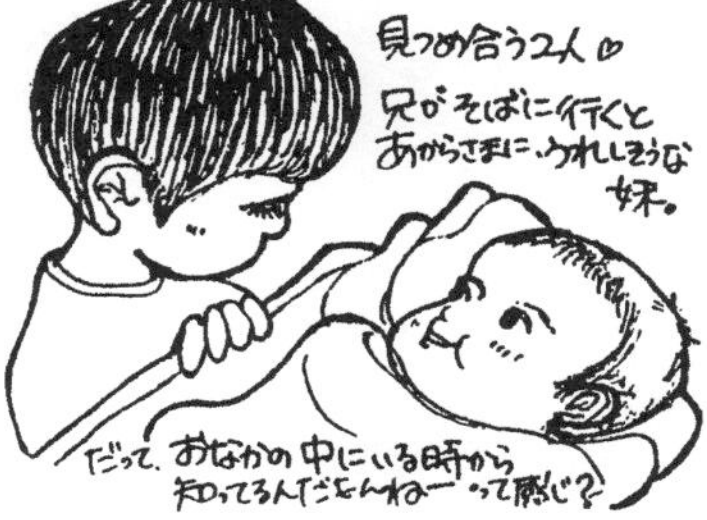
見つめ合う2人♡
兄がそばに行くと
あからさまに、うれしそうな
妹。
だって、おなかの中にいる時から
知ってるんだもんねー って感じ？

# 3人目の妊娠

体力的にも年齢的にも子どもは2人かな、と思い、マタニティや新生児の衣類などを全て処分し終わった10月、3人目の妊娠が判明しました。その途端、つわりに襲われトイレで生活する日々が始まりました。激しいつわりのせいか、不安で精神的に参った私はあれこれ要らぬ心配を始めたわけです。

我が家は典型的な核家族。私と夫、どちらの両親も遠く離れて暮らしていて応援を頼みづらい状況です。夫は出張の多い仕事で週の半分は不在。そんな中で3人もの子どもを抱え、家事と育児をやりながら仕事までできるのかが予想ができず、一人で焦っていました。

そんな私の心情はたちまち子どもたちに伝染し、まず2歳の娘アカネが荒れ、4歳の息子タクミも不安定になってしまいました。そんな2人を見ると私の焦りは余計に募り、産むのを止めた方がいいのかも、と考えるくらいになりました。この負の悪循環は妊娠6ヶ月まで続きました。つわりは魔物です。

でも負けそうになった時、胎動を感じたんです。私の意識とは関係ないところで、ごにょっと動く存在が愛おしくなって我に返りました。授かった命をこの世に元気に送り出してやりたい。その思いが私に喝を入れてくれました。ちょうどつわりの時期も終り、安定期に入る頃、私たちはまた平穏な日々を取り戻すことができたのです。

で、今回も助産院での出産を選択しました。三度目のチャンス、お産をもっと自分のものにしたいという思い、が芽生えました。恐らくこれが最後の妊娠・出産になるだろうから、夫だけでなく子どもたちとも一緒に産みたい、とも考えました。立ち会いの希望を聞くと、タクミは「おかあちゃんをおうえんする！」とヤル気充分。アカネは「おとうちゃんといっしょにいる」といまいちピンと来ない様子（当たり前ですよね）。当日の彼らの意志に任せることにしました。

そんな希望を叶えてくれる助産師さんも近くに見つかり、新しい家族のために準備を始め、出産に備え始めた矢先の４月、急な転勤辞令、引っ越しです。しかも妊娠９ヶ月！

# 自分で名付け

1人目タクミ、2人目アカネの名付けは私たち夫婦でしたので、3人目の名付けは上の子どもたちも一緒に、家族みんなですることにしました。妊娠7ヶ月の検診で赤ちゃんが女の子だと判明した時、早速1人1点名前を募りました。そして8ヶ月の検診後、採決することになったのです。

候補名は「ナナ」「ココ」「シオリ」「ホノカ」。アカネが決めた名前は当時仲良しだった人形と同じ。なかなか良い名前が出揃いました。当然みんな、自分が決めた名前がイチオシですので、話は堂々巡りで到底一つに決まりません。

そこで「自分の名前は自分で決めてもらおう」と方針を変えました。お腹の赤ちゃんに向かって候補名を呼んでみる、という冗談みたいな方法ですが、その時の私たちは超真剣です。思いを込めて呼びかけます。

「ナナ〜」無反応。
「ココ〜」無反応。
「シオリ〜」ドン（!!）。
「ホノカ〜」無反応。

なんと、誰が何回呼んでみても「シオリ」にだけ、嘘みたいにお腹の中からドンドンと答えが返ってきます！これで満場一致（？）で新しい家族の名前は「シオリ」に決定したというわけです。

でも「ホノカ」を諦めきれない私は、その後何度も家族には内緒で「ホノカ♪」と呼びかけてみましたが全然ダメ。やっぱり「シオリ」なんです。「お腹にいる時は一心同体」は当てはまりませんでし

## おまけの話

シオリは出産時、まだ頭も出ないうちから泣き始め、出てくるまで泣き通しという赤ちゃんでした。名付けや出産で、上の二人とは違う経験をしていますので私たちは彼女の胎児の記憶を楽しみにしていました。で、2歳7ヶ月に聞き出そうとしましたが、「ネンネちてたからちらない」「ぜったいおちえてあげない」です。手を尽くしても聞き出せませんでした。3歳になってから再チャレンジするも「え？ちおりはおかあちゃんのおなかにいたの？」…（玉砕）

た。生まれる前から主張の激しいシオリです（今も）。

3番目は強い！

シオリ3才1ケ月
シオリの特技…ハナの穴に何か入れるコト。

なにそれ？

この時はエンピツのキャップ。ティッシュや豆で滂沱もしばしば。生キズも絶えず。無謀女子です。

上の子に揉まれる3番目。

とにかく気が強いんです。

「やーだよ～(笑)」「バーカ！」

「だいっきらい！」の連発。

ああ。私の癒やし系は
いずこに….（涙）

## 家族に見守られて出産

「くれぐれも無理をしないように」。

そう電話口で釘をさされましたが、分娩を受け入れてくれたのは助産院でした。出産予定日を約1ヶ月後に控え、何軒もの病院に断られ半ばヤケクソになっていた時のことでした。

ホッと安心したのも束の間、臨月での引っ越しに向けて、怒涛の日々に突入です。子ども達の新しい保育園探しに始まり、膨大な数の諸手続きに忙殺され、5月中旬、私は早く産まれないようお腹に頼みながら、静岡から大阪への移動を敢行しました。

急な転勤による偶然の出会いでしたが、受け入れ先の助産師さんはとても魅力的な方で、私は赤ちゃんと母体のことをより理解してお産を迎えることができました。この出産のために引っ越したのだと思えたほどです。

お腹から「明日出ます」の意思を感じたのは深夜。私は翌日の出産を確信しました。そして翌朝5時、激痛に飛び起きました。キタァ――!!

早朝に子どもたちだけ残しては行けず、家族総出の出産劇の始まりです。6時半、助産院に到着。子どもと夫は朝食の調達に出かけ、私は覚悟を決め陣痛に挑みます。7時、私は陣痛、同じ部屋で家族は朝食です。今回は陣痛の合間は立って歩き、赤ちゃんが降りてくるのを助ける方法を取りました。産まれる15分前までは歩けるんですよ。その間、長女のアカネはおにぎりを頬張りながら私の後をついて歩き、ずっとおしゃべりです。さすがに出てくる瞬間は受け答えができませんでしたが、世間話は痛みを紛らわすとても良い方法でした。

一方、長男タクミは落ち着きません。食事もそこそこで、目に涙をためて私の手を握ります。こんなに違う。やっぱり女は強いですネ。

そして7時53分、我が家一番の小粒３６１０gで「シオリ」が登場しました。子どもたちが飽きる前に無事終わり、大成功です。

タクミは全身で喜び、私を褒めたたえ、キスの嵐です。

アカネの目はまんまる。「これシオリちゃん?」と怪訝そうでしたが、出てきたのを見ているので否定しようがなく、ほっぺをつついたりして一生懸命受け入れようとしているようでした。

その日から「赤ちゃん、お腹から出てきた?」と聞かれた2人はきっぱりと答えるようになりました。

「ちがう! おしりからや!!」

陣痛もピーク、耐える私に
「だいじょーぶ?」とアカネ。
心配してくれてはいるのだろうけど!!…
わーい、おうまさんのっていい?
片足はすでにあがってる
のるなって。たのむから
イテテ.
よつんばいで痛みをのがす.
イテテ
こんなのでも気がまぎれましたヨ。

第2章

# 授乳・卒乳の巻

おっぱいの悩みは尽きぬもの。
出るようになるまでから、
なしでも寝られるようになるまで。

# おっぱいが出ない

初めての出産後、退院までの一週間は実に切ないものでした。母子同室の個室で我が子に向かっているのに、私はほとんどお手上げ状態。まず、乳が出ません。「出なくても吸わせなさい」と言われるまま、泣くと吸わせる、を繰り返します。ちっとも出てない乳を、息子は力一杯吸い続け、疲れて眠る。腹は減るので、起きて泣く、待っているのは、ちっとも出ない乳…。我が子が不憫でした。

「赤ちゃんはね、3日分くらい蓄えを持って出てくるから平気よ。それよりも吸ってもらって、おっぱいを目覚めさせるのが大事。3~4日かかるけど大丈夫」。

なんてふうに看護士さんに励まされ、その場では分かったつもりでも、健気に出ない乳を吸う息子を目の前にすると、申し訳なくて、焦りがつのりました。

さらに追い打ちがかかります。息子の眠りが短くなり、泣く回数が増えてきたのです。

「新生児が泣くのは、おむつがぬれているか、お腹が減っているか、どちらかよ」のアドバイス通り、毎回、おむつチェックです。これが違うと、残るは空腹です。私はまるで修行のようにおっぱいマッサージを続けました。

私のおっぱいが目覚めたのは、少し遅めの5日目、深夜のことでした。陣痛のような痛みに飛び起きました。夕方まで何の気配もなかったおっぱいは、パンパンに張り、熱を帯び、乳首からはダラダラと乳がもれはじめていました。

泣いた息子に吸わせた時は、痛くて、嬉しくて、涙が出ました。大きなげっぷをひとつして満足げに眠った息子の顔を、私は一生忘れません。諦めなくて本当によかった！

# おっぱいは、ごはんの味がする

ある日、私は無性にカレーが食べたくなり、夫に作ってもらい、夕食でたらふく食べました。母乳を出していると、お腹が減って喉が渇きます。これまた馬のように食べないと体が持ちません。私は翌朝もカレーを食べ、それでも飽き足らず、昼にまで食べて大満足。

すると、どうしたことか息子が乳を飲みながら泣くのです。泣いて泣いて、最後には飲んでくれなくなりました。具合が悪いのか？ 熱はないか？ どこか痛いのかと心配でたまりません。しかもその間、飲んでもらえないおっぱいはパンパンに張り、こっちも痛くて涙が出ます。息子の口に含ませても、舌で押し返されます。

仕方ないので捨てようと思い、搾ってみてびっくり！ やたらと黄色くて、生臭いおっぱいがビュービュー出てきたのです。そこまできて、はたと気付きました。

カレーだ。乳が、カレーみたいに辛かったのです。タクミよ、すまぬ。大反省です。

が、この時ばかりは、本気で食について考えました。そして「バランス良く食べ、乳は自分で味見する」ことに決めました。

乳の味は毎回違います。例えばジャンクフードを食べた後の乳はおいしくない。逆に和食の後は、おいしいこと！ 結局、「乳には白身魚・煮物・ごはん」に行きつきました。おいしい乳を出せた時は、成功した料理を出すようになってしまいます。

# 卒乳に正解なし？

3度体験しても、イマイチよく解らなかったのが卒乳の方法です。

1人目のタクミは2才5ヶ月、長女アカネの場合は食物アレルギーがきつく、母乳から摂取させないため、1歳2ヶ月の時、泣いてもわめいてもおっぱいを出さない地獄のような一週間を経て、親子でボロボロになりながら卒乳しました。あれから更に3つ年を取った3人目、この方法は自信ありません。おっぱいに辛子を塗る、顔を描くなんて方法もよく聞きますが、多くのお母さん達がやっぱり苦労していました。でもその中で、おっぱいが露わになる入浴と、口寂しくなる就寝時は母親以外が世話する、というのが一番短期間で成功しているようです。これを是非試したいのですが、夫の帰宅が遅い我が家は、子どもが寝付くまでに大人は私1人、代わりがいません。昼間は

全戦全勝にまで漕ぎ着けましたが、就寝時には全敗です（この当時シオリ1歳半）。

そして最大の支障が、〝授乳〟は私にとっても至福の時間であるということ。シオリに「ぱいぱい〜っ」と泣かれると、〝まぁいいか、二十歳まで飲むわけじゃないし〟と先延ばしにして上手くいかない毎日です。

試行錯誤しながら3ヶ月を過ごしました。寝る時間に車でドライブ、服を着たまま入浴、何枚も重ね着するなど、ことごとく失敗しました。

考えた末、やっぱり納得して決着してもらうことにしました。卒乳は母親だけの課題ではなく、子どもとの共同作業。そこで兄タクミ、姉アカネにも協力要請し「卒乳作戦」を開始しました。といっても大した計画ではありません。私はひたすら「おっぱいを飲まなくても大丈夫」と語り続け、兄と姉はおっぱいをやめた後の楽しい生活を紹介して、少々大袈裟に応援し続けるだけです。

語りかけすること3日、シオリは突如「ぱいぱいないない」と言って口をつけようとしたおっぱいを私の服の中に戻しました。が、「しめた！」と小躍りした私の心を見透かし、直後、戻したおっぱいを引っぱり出し、ニヤっとしながら吸いつきました。あ〜根比べです。

夜中の授乳をやめ、抱っこでしのぐことにしました。耳元で「シオリはぱいぱいがなくても大丈夫。お母ちゃんはここにいる」と囁きながらです。二晩、シオリは大暴れ・大泣きで抵抗し、私は殴る蹴るの暴行を受けました。

めげそうになった三晩目、一瞬の大泣きのあと、なんと私の囁きに頷いて（！）再び眠ったのです！ そしてその夜を境に、夜中に起きる回数が減り始め、背中をさすれば入眠するように。一週間後、シオリは一度も目覚めることなく朝を迎えました。

…これって成功？ 疑心暗鬼でしたが、ほどなくして「シオリのぱいぱい」から「おかあちゃんのぱいぱい」へとシオリの表現が変化し、めでたく卒乳できました。

本人が納得して決着したこの作戦には“お風呂などでおっぱいと対面しても平気”という予想外のうれしい副産物付き。乳児から幼児への扉をくぐり前進するシオリとは対照的に、授乳を終えた私はなんとも切ない気持ちですが。

卒乳後の変化
服の上から
なぜかブラジャーをつけたがる
シオリ 1才11ヶ月
すごく得意!!
そのまま外出しようとするので
おねがいしてやめてもらう毎日デス

# 第3章

# アトピーとアレルギーの巻

乳幼児の頃は特に
アトピーやアレルギーが出やすいもの。
我が家の例を紹介します。

# もしかしてアトピーかも？

３ヶ月頃から、息子の様子が変わりました。顔中がただれて赤く腫れ上がり、常に黄色い体液でベトベトしてきました。皮膚が薄い赤ちゃんの肌は、ひと掻きで決壊し、血だらけです。おでこから血が出て、目までダラダラ流れているのに、笑いながら掻き続ける息子は、ホラー映画を見ているようでした。「掻かなければひどくはならない」。それは当たり前のことですが、相手は乳児。言って分かる相手ではありません。

まずは夫と話し合い、『ステロイド剤（合成副腎皮質ホルモン）は使わない』という我が家の方針を決定しました。別に私はステロイド剤を否定するつもりはありません。多くの方は問題なく使えるとは思うのですが、アトピーだった夫は、子どもの頃、ステロイド剤で苦しんだ過去があります。息子も体質的に同じような結果になる確立は高く、「自分のような苦労をさせたくない」という夫の思いを尊重した上での決定でした。

まずはお医者さん探し。評判のいい小児科に足を運びます。息子をちらっと見て「アトピーだね。ステロイドしか治らないよ」と言った先生に、「できれば使いたくないのです」と私。この言葉が逆鱗に触れたらしく「痒いことを伝えられない子どもに、治る薬を使わないで我慢させるのか！」と叱られました。

「わかりました」とその場を逃れ、ステロイド剤と保湿剤を抱えて帰りました。痒い子にステロイド剤を使わないのは虐待になるのだろうか？　息子を抱きしめ、揺らぐ心と戦います。ステロイド剤については様々な意見がありますが、塗る、塗らないを交互に繰り返して上手く使うというのが主流。「使わない」選択をすると、とても胡散臭そうに見られ、一蹴されたりします。でもこれは夫婦で話し合って決めた方針です。私たちは、一緒に治療をしてくれる病院を探し続けました。

　病院が見つかるまでの間、私は痒がる我が子に治る薬を使わないかわり、掻かないようにずっと抱っこして、

痒い箇所をさすってやるという方法を選びました。家事を片手でこなし、ソファに座って眠る、という荒技『24時間抱っこ』は、クリスマス前に始まり、湿疹が最高潮になるまで3ヶ月間続きました。

## いい加減くらいで、ちょうどいい

市販の塗り薬で息子に合う成分を必死で探しました。衣服やタオルはすべて木綿のもの。「綿100%」の表示でも信じられません。縫い糸が化繊だと、息子の肌は縫い目に沿ってミミズ腫れになります。蛍光剤入りの繊維や洗剤も避けました。息子のために自分たちにできることから、と必死で、医師探しも、何もかも上手くいかないままに、ただ毎日が過ぎていきます。日ごとに悪化する息子を24時間眺めているともう溜め息以外、何も出てこなくなります。それは、今思い出してもぞっとする「出口のないトンネル」のようでした。元来お気楽な性格の私も、さすがに涙する日が多くなってきました。

そんな時、ある転機を迎えます。通りがかりに漢方薬局がありふらっと入ると、息子を見た店長さんはさほど驚いた様子もなく「痒そうだねぇ」と頭をひと撫でして下さり、「少し時間はかかるけど、この子の身体ができていくペースに合わせてゆっくり治していけばどうですか？」と、漢方薬の処方された保湿クリームを教えてくれました。ほんの少し、救われた気持ちでした。同じ頃、発熱で近所の小児科を受診。ついでに湿疹も診てもらい、恐る恐る「ステロイドを使いたくない」ことを伝えます。医師は「時間がかかるよ。やってみる？」と、昔の薬を処方してくれました。灯台下暗し。偶然のこれらの出会いで、やっと私たちにも一筋の光が見えました。

そして極めつけは、アトピーの子を持

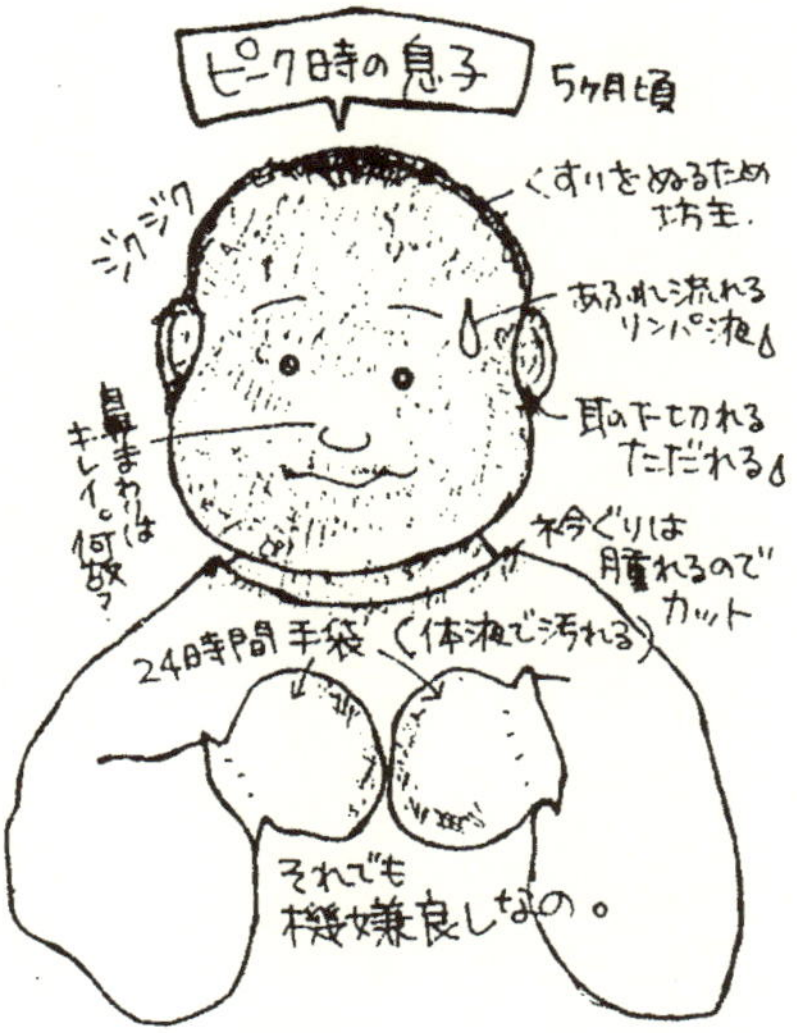

つ友人の言葉でした。

「母親が必死でナーバスだと子どものアトピーって良くならないよ。いい加減くらいがちょうどいいのよ」。これは経験した人にしか言えない言葉です。「妊娠前の不摂生が原因？」と毛が抜けるほど悩み、死ぬほどアトピーの書物を読み漁り、怪しい入浴剤や電熱器などにまで頼りそうになる私のストレスは相当なもので、それは息子の症状に直結していたのです。それを証拠に「息抜きに」と夫が計画してくれた友人家族との一泊旅行、笑いっぱなしの2日間、息子の調子はすこぶる良かったのです。「笑い」のパワーは侮れません。この頃から「アトピーは病気じゃない！」と思って、息子と笑って遊ぶようになりました。「笑う門には福来る」は本当でした。痒いことも忘れて、楽しむ息子。それを見て、また嬉しくなる私たち。家族に笑顔が増え、それとともにアトピーは次第に良くなっていきました。

長男は2歳になった頃には、ぱっと見、わからないくらいにまで回復していました。3歳くらいで再発することがほぼなくなりました。今になって思えば、軽度のアトピーだったのかもしれません。でも軽度だとはいえ、生後3ヶ月から1歳過ぎまで、それなりに壮絶でした。痒くて眠れない日は週に2～3日はありましたし、ストレスがかかると症状は一気に悪化します。今も掻き傷は絶えませんが、当時のことを考えると天国です。

核家族でアトピーの子どもを育てるのは本当にキツい。様々な情報にも右往左往しました。買い物に行けばアトピーなど知らない世代の人が無責任に私を追い詰めます。

「まあ、かわいそう!」

「薬はちゃんとつけてるの?」

「こんな子を外に連れ出しちゃだめよ」など。

夫が仕事でいないのに、どうやってこの子を連れ出さずに夕飯の支度をしろというのか。見知らぬ人たちの言葉に翻弄され、ストレスから外出できなくなったこともあります。

修行です、ホント。でもね、ケアを続けると、ある日ぶどうの皮をむいたように、かさぶたの下からツヤツヤの肌が出てくるんです。その時の感動といったら!

今になってみれば、アトピーの子どもを持ってみての発見や収穫は多く、親としての精神力も大いに鍛えられました。紫外線にもカルキにも蛍光剤にも化繊にもストレスにもどんな食べ物にも動じない強い内臓と皮膚をつくるための基礎づくり。……結局、親にできるのはこれだけです。でもこれこそが一番大事で、親だけに与えられた子育ての醍醐味です。

## アートヨガとは？

従来のヨガとはまったく一線を隔した形で、体自体を大きな頭脳体として捉え、明晰な頭脳と体を作る小澤直子さんが確立したヨガ。手足と脳、背骨や内臓と脳など、それらの関係を踏まえながら、体の歪みの見方、直し方、正姿勢のあり方などを解説、実践しています。

## 足首回し

両足首を回して柔らかくした後に足指を一本ずつ刺激すると、足が温まり全身の血流が良くなり、身体の緊張が取れていきます。アトピーの子はどうしても身体がこわばりがち。痒い→掻き壊しちゃう→掻いちゃダメと止められる→余計に痒みが増す。と負のループに陥ってしまいます。冬、風邪の季節にも足首回し、足指刺激はとても有効でした。

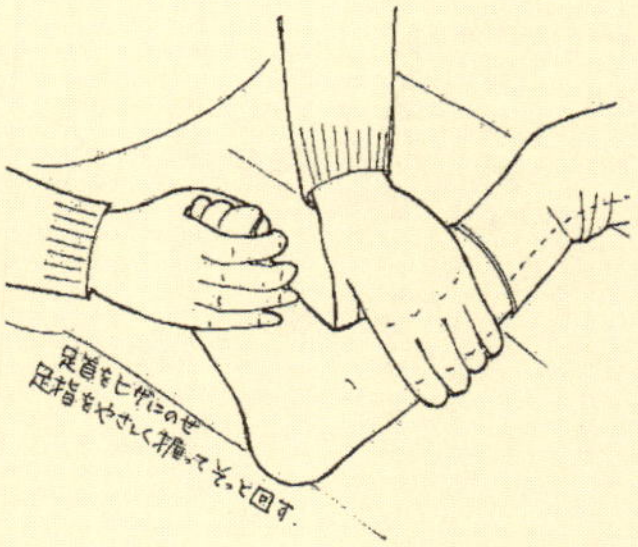

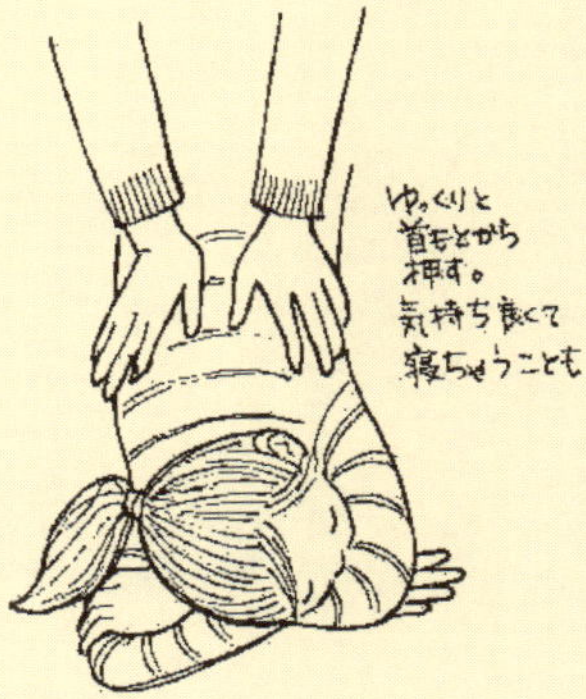


## 抱っこパワー

自分でしがみついてもらい私は手を離し、そのまま家事をします。子どもは落っこちないように必死。途中からは遊びになり、楽しくてゲハゲハ笑いながらもしがみつくことに集中します。お互いに体温を感じると身体だけではなく心も開いてくれる。気持ちが穏やかになると痒みを忘れることができる。親子ともに足腰も強くなるというオマケつき。

## 背中手当て

咳が出る時はうつ伏せにして（咳が酷くてうつ伏せになれない時は座って）首をほぐし、背中を温めます。血流が良くなると痒みも増すと思われがちですが、アトピーの痒みは虫刺されのような痒みとは違うようで、血流が良くなると皮膚の状態も改善し、便秘も解消したり、子ども自身の免疫力や治癒力も高まるようです。

# 生活の見直し計画

アトピーっ子が生まれた家は生活の見直しを余儀なくされます。衣服や石けんを変えただけで治るなんてことはないので、次に食べものが気になります。アトピー＝食物アレルギーではないのだけれど、アレルゲンを取り除きたい！と思うのが親心です。でも素人判断で除去するのは危険。かくいう私も最初は考えすぎて、食べる物がなくなってしまいました。

私の長男は６ヶ月（そろそろ離乳食を始めようかなーという頃）に、パッチテストをし、保育園入園が決まった11ヶ月で血液検査を受けました。幸い（？）牛乳と卵のみが陽性。牛乳がキツめで、より要注意ということでした。息子に母乳を与えている私自身も、アレルゲンを除去することとします。こりゃ大変です。

「世の中にはこんなおいしいものがたくさんあるんだよー」と離乳食の時から伝えたいと思っていましたから食べられる料理の種類が減るのはショックです。世の中は牛乳・卵のオンパレード。でも探してみると、食物アレルギーを持つ子のための料理本は多く、代替食品でおいしくできるということがわかりました。内臓がしっかりしてくると食べられるものも増えてきます。ひとさじ食べさせてみて、大丈夫だった時の感動はひとしおです。

### 気になるなら検査を

食品除去をするためには、まず最初に正しい判断が必要。アレルギー科や小児科でアレルギーの原因になるものの検査をしてもらえます。母乳を与えている母親がアレルゲンになるものを割けた方がいいかはケースバイケース。主治医の指示に従って下さい。

## 2人目もアトピー

生後2ヶ月、娘の肌に変化が起こりました。

全身、顔にいたるまで、花が咲いたように赤く腫れてきたのです。「2人目は大丈夫」と根

拠なく思い、切望していた私はがっかり。またアトピーです。ちょっとした悪夢だった息子の治療が思い出され、しばし呆然。が、くよくよしていられません。二度目の今回も、ステロイド剤を使わないという治療方針に決定。一度目の息子の時に、精神的にかなり鍛えられましたので、応用の気分です。娘のアトピーに付き合い始めると、私は自分が前回、いかになまっちょろい精神状態で悲劇のヒロインに浸っていたかを思い知らされました。

家事は前より山盛りだし、加えてアトピーで食物アレルギー持ちの息子もいます。一瞬めげそうなこの状態、乗り切る勇気をくれたのは、他でもないこの息子でした。彼は、妹の顔が湿疹で腫れてむくみ、殆ど目が開かない時でも「アカネちゃんはほんっとかわいいねぇ」と、毎日頬を寄せていたのです。これがどれほど頼もしく、私と夫を癒したことか。

アカネにあった治療を試行錯誤しながら半年が過ぎ、彼女のアトピー肌のリズムがつかめてきた頃、それとは全く別に現れる、何だかアトピーとは少し質の違う湿疹の存在にも私たちは気付きます。「…まさか」。嫌な予感再びです。

生後9ヶ月、血液検査を受け食物アレルギーを調べます。結果は小麦・大豆・とうもろこしが陽性。よりによって息子とは全く違う食材…。半年後の検査ではさらにパワーアップ！

とうもろこしは殆ど消えたかわりに、小麦・大豆・ソバ・ピーナッツですって。息子は牛乳と卵アレルギー。一体、我が家の食事はどうすればいいの？と途方に暮れました。

## 我が家的アトピー&アレルギー生活

子どもがどちらもアトピーと判明した時、私には決めたことがありました。「イライラしない」・「悲しくならない」・「途方にくれない」という3つです。

私の最大の課題はアレルギーに対応する食事を提供するということ。といっても、息子は成長とともに腸が丈夫になり、アレルギーといっても、あまりピリピリしなくてもよい程度になっています。問題は、湿疹花盛り&離乳期真っ盛りの娘です。何しろ小麦・大豆がダメですから、醤油・味噌から始まり、豆腐・麩・うどん・食パン・納豆などがことごとくダメ。

離乳食でのお役立ち食材は殆ど使えないこと、今までも相当な時間を費やしてきたスーパーでの買い物は、さらに倍の時間がかかります。最近はアレルギー表示をしてある物が多いとはいえ、一品ずつ丹念に原材料を見ていくと、買えない物ばかりです。

　こんな状況でも何とか手抜きしたい私は考えました。結局、日本の食卓は醤油・味噌の味付けが命。だからおいしい代替調味料さえ手に入ればいいのです。すると本来なら調理器具を別々にするところを鍋一つでできて、家族全員がおいしく同じものをいただく。これって立派な手抜きじゃない？　そればかりか「アレルギーの子どもの食事はまずい」という偏見（私自身もそう思っていました）にも打ち勝てちゃう。一石二鳥です！

　というわけで、不屈の調味料探求の日々、東奔西走です。これが探すと出てくるんですよ。現在、我が家は、米醤油、米味噌、米粉、米油、米酢…と米中心。そこに様々なジャンルから使える調味料を選んでプラスしています。米粉で作るお好み焼きやホットケーキ、蒸しパン、カレーやシチュー、魚醤でつくるおでん、結構イケますよ。

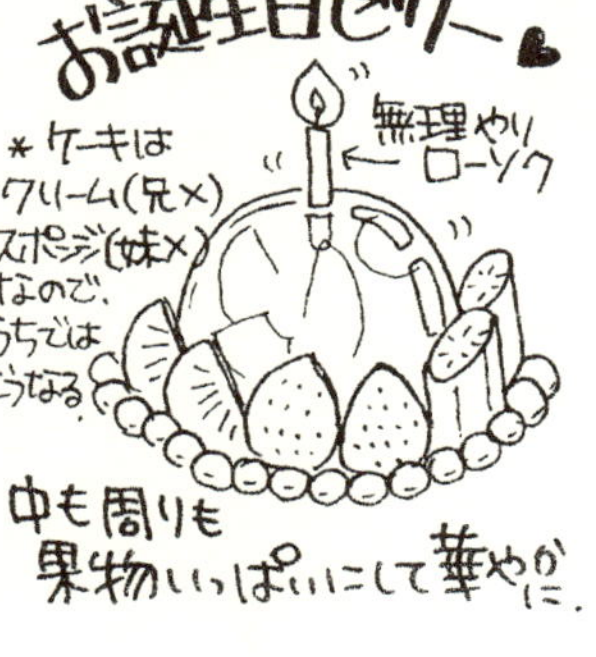

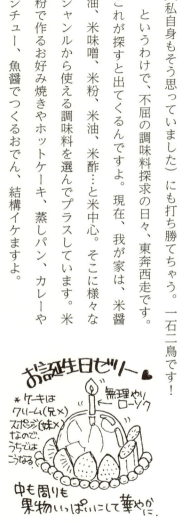

## うちの子が好きだったおやつレシピを公開！

### みたらし団子（15個）

［材料］
団子　白玉粉…50g
上新粉…50g
水…45cc
熱湯…45cc
タレ　水…大さじ3
醤油…大さじ1
（そら豆醤油を代用）
きび砂糖…大さじ2

［作り方］
1）団子の材料をこねて、熱湯で茹でて団子の完成
2）たれの材料を混ぜ合わせてレンジ600wで1分20秒加熱
3）水溶き片栗粉（片栗粉大さじ1/2・水大さじ1/2）を加えて、さらにレンジ20秒加熱したらタレの完成。団子にかけてどうぞ

### 卵牛乳砂糖不使用ケーキ（長男ー卵牛乳アレルギー用）

［材料］
●スポンジケーキ
地粉…3カップ
ベーキングパウダー…大さじ1と1/2
植物油…1/2カップ
メープルシロップ…1/2カップ
木綿豆腐…1/2丁
りんごジュース…3/4カップ
塩…小さじ1/2
●豆腐クリーム
木綿豆腐…250g一丁
レモン汁…小さじ1
メープルシロップ…大さじ2
米飴…大さじ2
塩…ひとつまみ

［作り方］
1）粉以外をフードプロセッサーでよく混ぜる
2）粉をざっくり混ぜ合わせる
3）21cmの型に入れて焼く（180℃で40分）
4）木綿豆腐は茹でて水切りしておき、クリームの材料全てフードプロセッサーかミキサーでよく混ぜる。あとは自由にデコレーションして完成

## もちもちドーナツ

［材料］

白玉粉…100g

ホワイトソルガム粉…50g

ベーキングパウダー…小さじ2

きび砂糖…45g

水…100ccくらい

米油…適量（揚げ油）

［作り方］

1）粉類を混ぜ合わせ、耳たぶくらいの固さになるように水を調整して練る

2）コロコロ丸めて、170℃の油で揚げて完成

## 米粉のクリスマスケーキ

［材料］

米粉…1.5カップ

砂糖…1/3～1/2カップ

塩…ひとつまみ

ベーキングパウダー…小さじ2

植物油（我が家は米油かグレープシードオイル）…50cc

バナナ…2本

水…～100cc（具合を見て加減する）

［作り方］

1）バナナを潰して砂糖・油と混ぜる

2）粉類（米粉・ベーキングパウダー・塩）を混ぜて①と混ぜる

3）固ければ水を足す（すくったものがドロドロと落ちるくらいにする。ホットケーキの生地くらいの固さ）

4）炊飯器に入れて白米モードで加熱

5）竹串を刺してつかなければ出来上がり。

※甘さが足りない場合は、ジャムなどを挟んだり、バナナの甘さで砂糖を加減してみて下さい

## あずきのショートブレッド

［材料］
米粉…150g
米油…60g
あんこ…120g
きび砂糖…40〜50g
あんこの甘さにより調整。
塩…少々

［作り方］
1）粉と油を混ぜる
2）あんこを混ぜる
3）ラップで挟み上から麺棒で厚さ2mmくらいにのばす
4）包丁で四角く切って焼く（180℃で20〜25分）

参考：「中島デコのマクロビオティック　パンとおやつ」（PARCO出版）
「砂糖を使わないお菓子」（主婦と生活社）
「アトピーっ子も安心のお菓子」（家の光協会）

## 我が家で常備していたアレルギー調味料

●**豆乳　マルサン無調整**（牛乳がわり）
●**米醤油　大高醤油**（醤油のかわり）
●**そら豆醤油　高橋商店**（醤油のかわり）
●**ライスブレッド　辻安全食品**（小麦粉のかわり。ケーキ作りに）
●**さごやし澱粉粉**（餃子の皮の代用に使用）
●**ホワイトソルガム粉**（小麦粉の代用。米粉ではつきにくいトロミが欲しい時に使用。これでホワイトソースをよく作りました）
●**米の麺**（麺料理の時）
●**こめのみそ　マルカ**

# またまたアトピー再来

生後半年、発熱して小児科を受診した時、3人目のシオリの顔と体を見た医師が「この子もアトピーだね」と言うではありませんか！　確かにシオリは頬と上半身に湿疹が出ています。が、タクミやアカネに比べると半分以下です。ただの湿疹、と自分に言い聞かせていた私は憤慨しました。量の問題ではないのは重々承知ですが、アトピーという言葉に抵抗がありました。〝三度目の正直〟とはいかず〝二度あることは三度ある〟となったシオリのアトピー診断に少し落ち込みもしました。が、過去二度の経験から得た知識や方法がそのまま使えます。

劇的に良くなるわけではなく長丁場になること必至のアトピー治療、私の極意は「ぼちぼちいこか」です。何をおいても大人が頑張りすぎないこと。特に母親の不機嫌やストレスは

赤いほっぺがシオリのトレードマーク
1才までは、顔にも出てました。本人も家族も気にしてなかったけど、初対面の人はびっくりしてたなあ。

アトピーっ子の肌の悪化に直結します。

最も重要なのは、順守できなくても、イライラプリプリしないこと。親はどうしてもその目標に向かっての最短を目指してしまいがちですが、相手は人間。とうてい完璧にはいきません。上手くいかなかった時に感じる気持ちの処理方法を確立しておくのがとても大事です。

アトピーと付き合うのは、子どもと付き合うのと同じですね。

## おまけの話。シラミ騒動

初夏、集団生活でプールが始まる頃に配布されるのが「頭シラミが流行しています」のお手紙です。いつも軽く読み流すのですが、ある時、ついに流行に乗っちゃったのです。

「おかーちゃん、タオルに虫がついてるんだけどぉ」と、ある夜、シオリが言います。

干した時についたかなぁ、とタオルを見ると、小さい小さい、でも確実にうごめく見たことのない虫。取り除きシオリに渡してもすぐ「またついてるー」。その後ろから「アカネのタオルにも虫～」。変だ、何か変だ。嫌な予感がして、ネット検索しました。

『頭シラミ　画像』。検索画像とタオルの虫を見比べると…、ビンゴ～！　間違いなく幼虫です！　初対面の私は気絶しそうでした。一応毎日、子どもたちの頭をチェックしていたのに、とぐるぐる考えながら改めて疑いの目で見ると、それまで気付かなかった卵が、なんとわんさか見えるじゃないですか！焦って爪でしごきましたが、長い髪の毛では上手く取れず、ラプンツェルくらい伸ばすと頑張っていた2人に頼み込んで背中まである髪をバッサリ切り、力尽きるまで卵を取って就寝させました。

が、私は眠れません。一晩中シラミの生態や対処法を調べ、戦いに挑みます。朝、寝具やタオルは熱湯消毒、洗えないところはアルコールで拭き取り、感染拡大を防ぎます。夜、市販のシラミシャンプーも使いますが、きつい殺虫成分に、アトピーだった2人の頭皮がボロボロに。4回使うところを1回きりでやめました。

要は、頭の中の卵を、孵化する前にすべてなくせば良いのです。私はノミ捕りするサルのように2人にへばりついて、3日間、卵を取り続けました。

対処法の中で一番良かったのが、アロマオイルを使うオーストラリアの方法でした。ティートリーとラベンダーで手作りしたスプレーを使う頭皮パックです。虫は瀕死、卵も剥がれやすくなり、オイルの効能で頭皮炎症が鎮まります。シラミシャンプーのダメージも解消しました。

勝負は3日間。ここを頑張れば光が見えます。2人の頭から卵が見つからなかった時の喜びは格別！でも、ちょっと残念。卵取りの達成感を知った私は複雑です。

### 頭をよく掻いていたら要注意！

頭シラミは季節に関係なく、1年中発生。頭シラミはお昼寝などを集団でする幼児や、友達同士で頭をくっつけて遊ぶことが多い小学校低学年などが感染しやすいそうです。頭を頻繁に掻いていたら、よく見てあげて下さい。

## 頭シラミの時に使った頭皮パック法

**アロマテラピストの友人に、強い抗菌作用があり、少量なら原液塗布も出来ると教えてもらったティートリーとラベンダーオイルを使用**

### シャンプー

1）いつも使っているシャンプー50mlに対し、ティートリーオイルを3滴混ぜて洗う。よく洗うと成虫がいくらかは落ちます（でも気休め程度かな）。

2）頭を拭くタオルをマイクロファイバーにすると、成虫を捉えてくれます。我が家はマイクロファイバーのタオルについてきた成虫を見て、シラミ感染に気付きました。あの時のゾッとした感覚は忘れられません。

### スプレー（100ml）

植物性エタノール　10ml
ティートリーオイル　10滴
ラベンダーオイル　10滴
精製水　90ml

1）エタノールを容器に入れ、その中にオイルを垂らす。

2）容器を揺らして撹拌した後精製水を入れて出来上がり。

3）作ったものを頭全体、滴るくらいにスプレーし、上からラップを巻き乾かないようにして1時間放置。

4）1時間後、櫛で丁寧に髪を梳きます（櫛はシラミ用の目の細かいものを使用）。成虫のシラミは死ぬか、動かなくなっているので一回のスプレーパックでほぼ全駆除することができます。

私は2日連続で娘たちにスプレーパックをしました。スプレーがかかっている時間が長いほど効果あり。15分で動かなくなり30分以上で死ぬことがわかりました。でも途中で乾いちゃうと復活するのです。スプレーは濃度が高いので取り扱いには注意！ が、我が家の娘たちには効果抜群。市販のシラミシャンプーで痛んだ地肌に染みることもなく、地肌もケアしながら駆除できました。取ったシラミはガムテープなどの粘着面にしっかりと付けて生き返っても動けないようにすることが必須。信じられないくらいの生命力ですから。ただ卵には浸透しているかどうかわかりませんでしたので、目視で取った後にヘアアイロンを丁寧にかけました。焼いちゃうのです。熱を当てると卵はすぐに茶色くなり、死滅したことがわかります。

第4章

# オムツはずし の巻

トイレトレーニングは
「3歩進んで2歩下がる」の連続。
怒りたくはないけれど…。

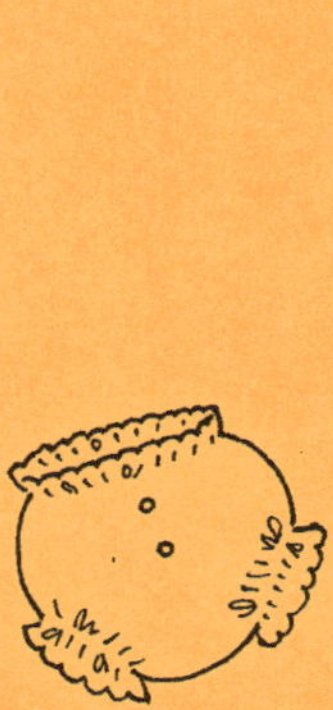

# トイレ大作戦

子どもが大きくなってくると、誰もがブチ当たる「おむつはずし」の壁。息子のタクミは1歳8ヶ月頃から、「でたぁ」とおしっこを教えてくれるようになりました。「排尿間隔が2時間くらいになり、自分で尿意が分かってきたら、おむつはずし開始」という保育園のフォローがありましたので、私も気楽な開始でした。でも「したくなったら出る前に言ってね」などのお願いはほとんど叶わず、結局はしつこいくらいにトイレに連れて行くのが私の場合は成功への近道でした。とは言え、今ではオニババ化していた自分を反省しています。

おしっこは2歳半くらいで無事おまるに移行。が、何週間か経った頃「おかーちゃんみて、おしっこびちゃびちゃー」と嬉しそうな声がするので見ると、水たまりで足踏みしている！しかも畳の上！私は悲鳴を上げ、悪態をつきながらぞうきんを持って這い回ります。わざとやっているのです。畳が腐るというと、翌日からは律儀にフローリングへ。しかも

必ず私が忙しくしている夕方を狙ってきます。これがほぼ毎日3ヶ月続きました。そして毎回、私が叱る前に「タクは、もうしないよ」と守られることのない誓いが立てられました。

そしてうんちはというと、息子は便意を覚えると皆から離れて一人になり、へっぴり腰で柱などに掴まり「んっ」とふんばってパンツに出し、尋ねても「出てないよー」としらばっくれるスタイルを貫きました。仕方がないので、モジモジし始めたら手を引いておまるに急ぐも間に合わず、やっぱりパンツに出ちゃうこと半年、おまるで成功したら、記念撮影&うんちのりっぱさを鑑賞と褒め励まし盛り上げて、3歳で晴れておむつとおさらばです!

## これも成功？　オムツはずし

オムツ交換に非常に興味を抱いていた2歳の長女アカネは、ある日、生まれたばかりの妹、シオリのオムツ交換をしたいと言い出しました。自分もまだオムツなのに、です。

私は「オムツ交換をするのは、ちゃんとトイレでおしっこできて、パンツをはいている人だけ」と阻止しました。その頃のアカネは、金魚のフンのように私の後を追う毎日。もちろんトイレにもつきっきりです。中で何をするわけでもなく、ひたすらしゃべり続けていました。

ところがある日の外出先、一緒にトイレに入ると「アカネもおトイレでおしっこしてみる」と突然言い出したのです。初めてなので試すつもりで便座に座らせると、なんと！　上手くおしっこを出すじゃありませんか。喜ぶ私にアカネは「おかあちゃんといっしょができた」と得意顔です。おしゃべりだけかと思っていた毎日のトイレ同伴で、よく観察もしていたようです。嘘のように、その一回でトイレトレーニングは終了。アカネはオムツを拒否し、パンツをはくようになりました。

が、一筋縄では終わりません。アカネは〝トイレに入る〟ということに執着し、あろうことかトイレを占拠したのです。そして座ったり立ったり、トイレットペーパーをちぎって

水を流し、排水口に吸い込まれる様子を熱心に観察したり、を延々繰り返しました。お願いしても出てくれないので、兄のタクミは、何度もお風呂場でおしっこする状況に陥りました。二週間後、トイレは突然開放。ハッと気付くとシオリのオムツが外されているではありませんか。アカネの仕業です。「アカネはもうパンツだから、シオリちゃんのオムツかえてあげるの」。私はそこで初めて彼女の最終目的を知ったのです。オムツ交換は大人がする、という意味で言ったのを、アカネは言葉通り解釈し、やってのけたのです。恐るべし…。

## オムツ卒業目前で…

末っ子シオリのトイレトレーニングを始めたのは1歳6ヶ月、姉アカネのしつこい指導のおかげで、私の出番はほとんどないまま、2ヶ月後布パンツに移行しました。

本人も「おりこうでちょ?」「ちおり、おねえちゃんだから」と片言の日本語で大喜び、オムツ卒業目前です。ご褒美にはかわいい布パンツを買おうね、と言っていた矢先、悲劇が…。
シオリには誕生日が1日違いの、はとこのアーちゃんがいます。競ってトイレに走って行ったシオリは、アーちゃんの紙パンツ姿を目撃し、その絵柄に一目惚れ。自分のパンツを脱ぎ棄て、自分も紙パンツを穿くと大騒ぎ。私はその場を収めるため、アーちゃんの紙パンツを一枚もらってシオリに穿かせました。この私の軽率な行動が、後の顛末を招いたのです。

次の日、シオリは「きょうはおトイレでおちっこちまちぇん」と宣言、アーちゃんと同じ紙パンツしか穿かないと言い始めました。逆戻りが嫌な私は、最初は何とかお願いして布パンツを穿いてもらいましたが、玉砕。シオリはトイレに一切行かず、私がお望みの紙パンツを持ち帰るまで、マーキングのようにあちこちに漏らし続けました。

小悪魔シオリは2歳7ヶ月になっても、紙パンツ愛用者。でも押し問答の歳月で、少しオトナに。紙パンツを穿きつつもトイレで排泄してくれるようになりました。やっとゴールに近づいたかも。

このことは「3回目だから楽勝！」とあぐらをかいた私への罰ゲーム、と反省してます。育児に同じはない、ですよね。

第5章

# 離乳食と食事の巻

愛情のこもった食事は
子育てでもっとも大事かも。
一緒に大人も健康になれます。

# 楽しい離乳食

息子は1歳になる少し前から食事時になるとフォークとスプーンを持って、やる気満々。あっちを刺し、こっちをすくいとチャレンジするものの力の加減が難しく、粉砕したり飛び散ったりとなかなか捕らえられません。そうこうしているうちに、口に入っても「イヤーっ」といらなくなる。毎回の食事の時間がストレスになり、親子でドッと疲れる食事時間を過ごしていました。

そんなある日のこと。餃子・青菜のおひたし・みそ汁・ごはん。いつものように食事に向かった息子。しかし、いつもとは違いました。肉団子状になった餃子の具を一刺し目からざっくりフォークでとらえて、口へ。もう一度。今度もちゃんと口に入る（おっ！楽しいじゃないかっ！）。

良いサイクルは繰り返されるものです。餃子の具で力の加減を会得した息子は、みそ汁の

うちの食器
1. ユニバーサルプレート（陶製）
2. 飯わん（陶製）
3. 汁わん（木製）
4. 耐熱ガラスコップ
すべて小さいもの

具の大根、豆腐、全てにおいて大成功！　上手くいったことがなかったごはんまで、スプーンですくえてしまい、笑いがとまらず、おかわりまでして、大満足で食事を終えたのでした。我が家はこの日を境に、「生きるための食事」から、「家族で楽しむ食事」に。食材の形や堅さ、粘度にほんの少し気を配るだけで、こんなに明るい食事時間になるなんて。

そして息子にも変化がありました。持ち方の工夫をし始めたのです。握り持ちから、親指で柄を押さえ、より安定感を得る動作をするようになります。

## 自分で食べたい！

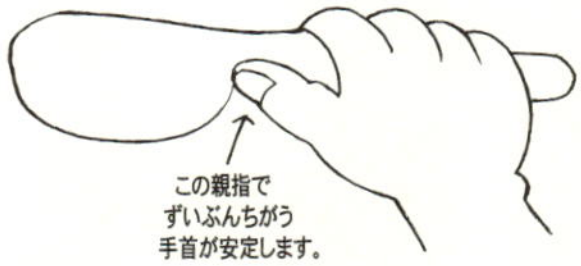
この親指で
ずいぶんちがう
手首が安定します。

「はい、あーん」と親が子どもの口に運んであげるのではなく、こぼしてもいい前提で、スプーンを自由に持たせて、自分の力で食べさせると食べるのが好きな子になるような気がします。1人で食べ始めた最初は、お掃除が大変ですが、後々自分で何でも食べてくれる子になってラクになりますよ。投げても割れないプラスチック製の赤ちゃん用の食器は、軽すぎてかえって振り回したり、投げがち。案外、しっかり重たい丈夫な陶器で、スプーンやフォークを追い込める返しがあるお皿や、冷たさの伝わるグラスがいいですね。持った時は「慎重に」と声かけを。

## 食事を作る時に気をつけたこと

(箸がまだ使えない時期の子ども向け)

### ひき肉料理
ハンバーグ・つくね・餃子の具など

**・崩れてにくくするために少し堅めにする。**

食べて欲しい野菜などを入れるためどうしても私はつなぎに片栗粉やコーンスターチを入れて粘度をあげました。

**・形を工夫する**

小さいたこ焼き型。まん丸にしちゃうとお皿の中で転がり、かえってすくったり刺したりしにくいので底を平らにすると問題解決。餃子も三日月型ではなくシュウマイ型にすると食べやすいと発見。

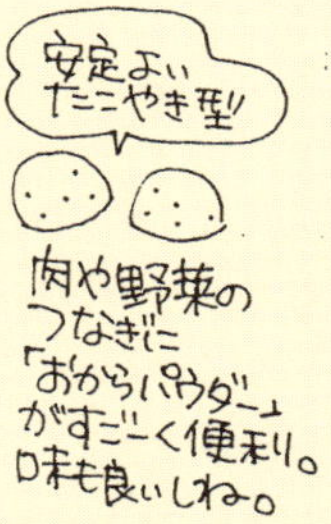
安定よい
たこやき型!!
肉や野菜のつなぎに「おからパウダー」がすご〜く便利。
味も良いしね。

### 野菜

**・基本的に小さめのサイコロ型に切る。**

**・千切り、ささがき、薄切りは短くしてスプーンに乗る長さにする。**

**・煮崩れしやすいジャガイモやかぼちゃは一緒に煮込まず別に蒸して、あとで加える。**

**・モロヘイヤ・オクラなど粘る野菜はよく叩いて粘りを強くする。**

それだけだと粘ってすくいにくいので鰹節やしらす、かまぼこやちくわのみじん切りなどを加えて切れも良くする。

# ま・ご・わ・や・さ・し・い

子どもたちが大きくなり、運動量が増えるにつれ、我が家の食事に変化が出てきました。「今日、何が食べたい?」と尋ねると、息子タクミは決まって「肉!!」娘アカネは「唐揚げ!」と肉食怪獣が出現します。これまでの煮物中心の食卓では満足できず「にくは?」なんて催促もあり、肉系おかずへと傾くようになりました。腹ペコで保育園から帰宅する平日の夕方、まだ何も並んでいない食卓につき、「おなかへった~!はやく~っ」とタクミに騒がれ、空腹のあまり一歳のシオリとともにアカネまで泣き始めると、私まで泣きたくなります。ちょっとした修羅場と化す夕食時、私はどうしても丼物や揚げ物など、一気に静かになる献立に頼ってしまいがちに。栄養バランスを考えると「これではいけない」と思う日が増えましたが、忙しさからそこには目をつぶり、毎日をこなすように過ごしました。

そんな迷いの日々、食事の支度がすっかり嫌になってしまった私は、その時間になると眠くなるようになりました。理想の食卓が頭の中にはあるけれど現実はほど遠く…。子どもと一緒に楽しく作りたい。けど手抜きもしたい。いろいろな思惑が重なり、嫌々作る食事は当然ながら「マズイ」と不評です。

鬱々とした時、食材の選択を助けてくれるキーワードに出会いました。「ま・ご・わ・や・さ・し・い」です。健康に過ごすためにどんな食材が必要か。私の食事に何が足りないか、たちまちわかるようになり突破口が見えたような気がしました。肉々していた食卓に、イモ・豆・海藻が入り、食事中に何種類の食材を使ったか子どもと数え、足りないものを次の食事に入れるようにすると、子どもたちは食事自体に興味が出始めました。

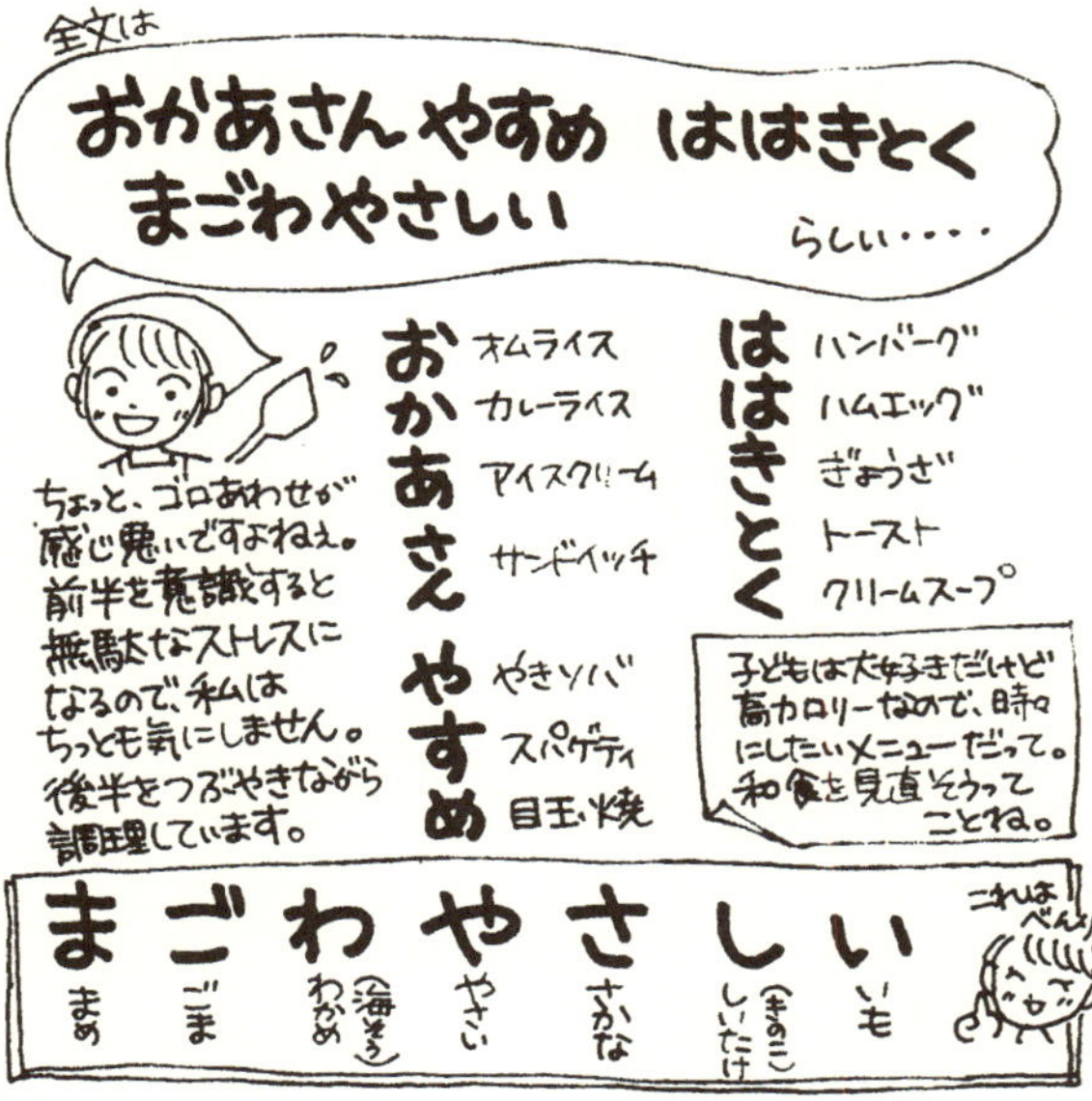

# 料理づくりを手伝ってもらう

「ふわふわしっぽと小さな金のくつ」という絵本があります。ふわふわしっぽというウサギがイースターバニー（復活祭に世界の子ども達にタマゴを配るウサギ）になるお話です。実はこのウサギこそが、私が目標とする母親像です。というのも、ふわふわしっぽは21匹の子沢山ながら、子ども達全員に分担して家事を教え、自分は家を空けてイースターバニーとして働くことを見事にやりとげる賢いお母さんなのです。

これですよ！　私が働いても家の中が滞らないためには、子ども達の助けが不可欠。私はふわふわしっぽを真似て、タクミとアカネに家事を頼むことにしました。2人を誘うと食いつきは抜群です。特にアカネは調理に興味津々、包丁を持たせろと迫って来ました。

とうわけで、ものは試し、食材を切ってもらうことにしました。まず手本を見せ、「左手は猫の手」と指先をまるめて包丁に添えるように約束します。

手始めに薄いハムを渡すと、意外にもなかなかの手つきです。褒めながら、ちくわ、キャベツ、玉ネギ、人参とだんだん固いものへ移行します。ハムとちくわの半分以上はアカネの口にはいり、独創的な切り方の野菜が出現しましたが、上出来です。

本人希望で5才タクミがフライパンで炒めます。固い食材から順番に入れるよう指示します。「なにができると思う？」と言いながら中華麺を見せると「もしかしてやきそば？」「これがやきそばになるの？」。食卓で食べるだけだった2人にとって、調理の過程は何もかもが新鮮な様子。大興奮で麺を炒めてソースで味付け、完成です！　混ぜすぎ、いじりすぎでかなり水っぽい焼きそばの出来上がりでしたが、子ども達は目をキラキラさせ「こんなおいしい焼そばは初めて！」と互いの偉業を褒めながらあっと言う間に完食。所要時間は一時間。「手を出さない」という至難の業に挑む時間になりました。が、これも将来のため、忍耐です。

# プチ・レジャーに

我が家の3人の子どものうち、上2人は食物アレルギー持ち。牛乳・卵・大麦・小麦・大豆・ソバ・ピーナッツ・トウモロコシ・キウイが食べられないため外食ができない生活を余儀なくされました。

外食できなかったタクミはずっと、話に聞いたり、テレビで見たりする回転寿司に憧れていました。連れて行きたくても、醤油がダメで酢の種類も限定されるアレルギーっ子には、結局食べるものがありません。ため息をつくタクミに夫が「家で回せば？」とひと言。私などは回転寿司ができる玩具を買うつもりになっていましたが、タクミは脳をフル回転。そして彼が持ってきたのは汽車のレールセットでした。

「これでやろう！」とテーブルいっぱいにレールを組み上げ、バッテリー搭載の車両を先頭にずらっと列車を繋げました。夫が車両の屋根に小さい紙皿を貼り付け、タクミと共にカーブの曲がり具合のチェックと、後続車両数を増減してスピード調整を念入りに行いました。「おうち回転寿司」の開店です。車両は長めでスピード遅め、レールのカーブは可能な限り緩く、直線が多く。するとまあ、呆れるほど食べる、食べる！

お寿司を並べる係の私は大忙しです。列車が運ぶお皿を取る時にちょっとコツが必要で、何度も脱線の危機がありましたがそれも一興です。長男タクミと夫が編み出したこの「おうち回転寿司」が、我が家の食卓にうるおいを運んできました。

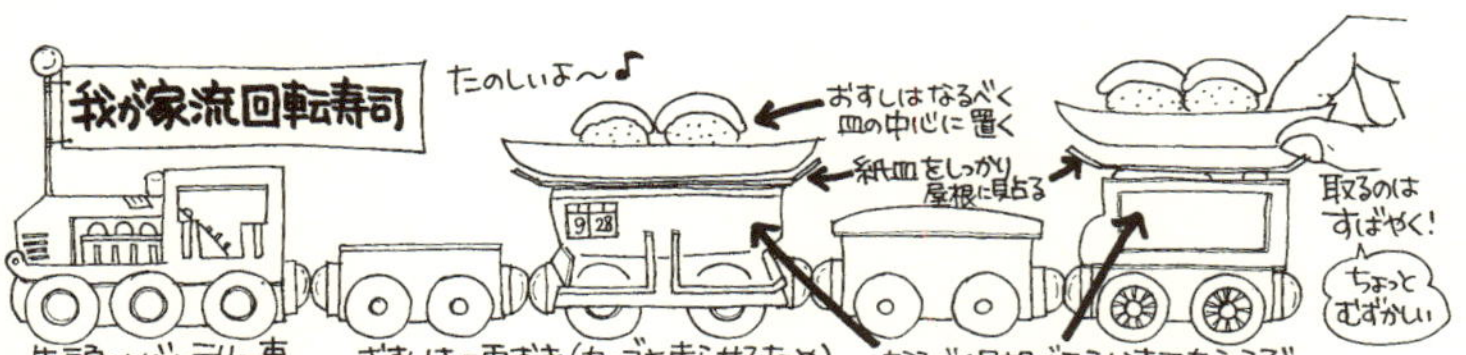

第6章

# 子育てを助けてくれた モノ・コトの巻

絵本におもちゃにわらべ唄など、
知っておくと便利です。

# わらべ唄はじめ

息子が赤ちゃんの頃、しっかりと目が合うようになると、かねてよりやってみたかった『うんこ語り』を始めました。息子の正面に座り「んこ～」と目を見ながら言うのです。心地よい響きなのか、うれしいのか、手足をバタバタして興奮します。1ヶ月をすぎると「こ～」と口を尖らせて一生懸命声を出すようになりました。そうしてすぐに、舌をべろべろしたり、連続して声が出始めました。楽しくて、2ヶ月頃から『にぎにぎにぎ』にも挑戦です。手を握ったりひらいたりして、毎日繰り返し見せます。「反応がないなぁ、早かったのかなぁ」。うんこ語りのような反応がなかったので、少しつまらなくなりながらも続けていた矢先、入浴時のことでした。赤ちゃんは手をぎゅっと握っているもんですから、手のひらを洗うのになかなか苦労します。息子の手のひらを洗いたい私は、にぎにぎしてくれればなぁ、なんて思いながら無意識に「にぎ、にぎ、にぎ」と呟きました。

するとなんと、息子がにぎり拳をふっと緩めたのです。開きこそしませんでしたが、ゆるんだ拳をそっと広げ、きれいに洗うことができました。

反応がないと勝手に決めていたのは私だけ。息子はちゃんと見て理解していたのです。『学ぶということは真似ぶ（まねる）こと、感じる力が覚える力なんだよ』と話してくれた阿部ヤエさんのことばを思い出しました。赤ちゃんは何もできない存在ではなくて、これからできるようになっていく人。その思いで暮らしていこうと決めた出来事でした。

「うんこ語り」、「にぎにぎにぎ」とも遠野のわらべ唄です。この2つは親子の気持ちが行き来するための唄です。岩手県遠野地方では、わらべ唄が昔から変えられることなく伝わっています。わらべ唄＝庶民の生き方の唄。ひとつひとつの唄に、人として生きるための力や子育ての知恵がぎゅっとつまっています。私がお話を聞いて学んだ方は阿部ヤエさんという遠野の「語り部」の方。ヤエさんは「語り部」として、唄や昔話をやさしく力強く伝承しています。口承で伝わってきたものを変えることなく、文字にした方です。

## 覚えておきたいわらべ唄

### 目が見え始めた赤ちゃんと（生後1ヶ月くらいから）

**生まれて間もない赤ちゃんとの会話です。**

### うんこ語り

●赤ちゃんが人を目で追い始め、「コォ」というような声を出し始めたらチャンス！赤ちゃんの目を真正面から見て「ンコ〜」と返してあげます。

●縦抱っこにして頭を支え、向き合えるようにするのですが、私は寝ている子にも身を乗り出して顔が正面に来るようにしてやってました。

●少し高めの声（ピアノの音ではラくらい）で「あなたのことがすごく愛おしい」という気持ちを込めて歌うように「ンコ〜」と語りかけていると、必ず目が合い、返してくれるようになります。

●最初は「コ」と詰まったような声を一生懸命出します。次第に大人が語るのと同じように「ンコ〜」と返してくれます。気持ちが通じるととっても楽しい。人の話を聞く、相手の目を見て話す、ことへの第一歩。

**うんこ語りで目が合わせられるようになると、手遊びのチャンス！**

## にぎにぎにぎ

大人が顔の横でゆっくり片手もグーパーしながら「にぎ　にぎ　にぎ」と唱えます。

最初はゆ〜っくり。目を合わせて楽しさを伝えます。

赤ちゃんははじめ、じっと見ているだけですが、何度も繰り返しているうちに少しずつ手が動き始め真似しようとします。

私の長男は手より足が先に動いて、バタバタしていました。

手が動くようになってもやっぱり足も一緒に動きました。

慣れてくるとちょっと速くしたり、両手で「にぎ　にぎ　にぎ」。

大人がする事を見るだけでなく真似をしてくれる。

気持ちが通じて親の嬉しさもひとしおです。

我が子たちは手遊びをするとその後よく眠りました。

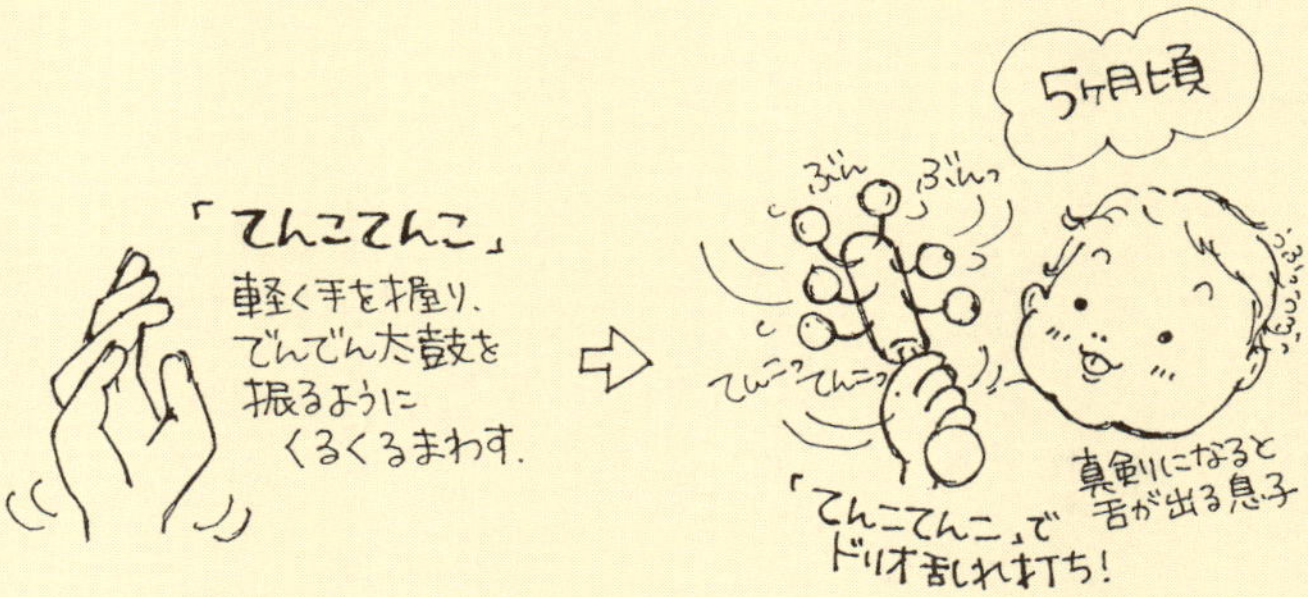


「てんこ　てんこ」も同時期です。でんでん太鼓を振る要領です。顔の横で、手を拳にならないくらい軽く握ってで手首を回します。こちらも最初はゆっくり。目を見て楽しさを伝えています。

# 楽しみ方いろいろ

10ヶ月を過ぎた頃から息子は、『シロフォン付き玉の塔』が大好きになりました。1㎝ほどの小さな玉がスロープを転がって行き、最後に「ソファミレド」と鉄琴を鳴らすおもちゃです。玉をつまんで上の穴へ。これが小さな子には至難の技なのです。玉をつまむだけでも大変な集中力を要するのに、そのうえ移動して、これまた小さな穴にいれなくちゃならない。11ヶ月ごろようやく10回のうち1回成功するかしないか。その挑戦をしながらもっぱら息子は違う楽しみ方もしていました。

玉は2個。ひとつは口に入れ、あめ玉を舐めるように舌の上で転がし、その感触を確かめながら、もうひとつを左の親指・人さし指・中指の3本でつまむ。右手は鉄琴をはじいて音を出す。この動作を延々と繰り返すのです。

玉は転がすものだとばかり思っていましたが、転がってなくても楽しいらしいのです。よだれを出し、おほおほと笑いながら指で弾いて聞こえるかすかな音に、耳をすましていました。

寝る前に片付けようとすると猛抗議です。なにせ恋をしているもんですから、一緒に寝ると言って聞きません。枕元に置くことで折り合いをつけて、ようやく眠る始末です。朝起きると一目散にシロ玉の元へ。朝っぱらから、正座して指で鉄琴を弾く姿は笑えました。

「小さい玉を飲み込むのではないか？」と私たちも気になりました。息子の場合、飲み込みそうになったのは、私が「ダメ。出しなさい！」と言った一度だけ。親が慌てて向かって行くと、子どものほうもグッと力が入り、間違えて飲んでしまうようです。「出しておいてねー」と言っておけば、

## 食べても良いもの？

「食べても安心なクレヨン」などと書いてありますが、基本、食べてもいいものではなく、うっかり食べてしまった場合でも安全です、という意味です。何でも口に入れてしまう時期は目を離さないようにしたいですね。また喉を塞いでしまう可能性のある大きさのビー玉やコインなどは要注意です。

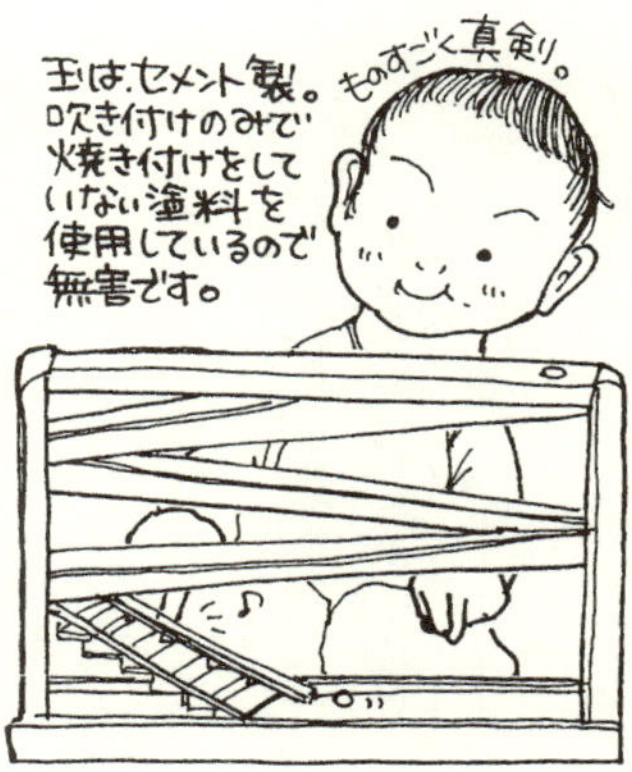

気が済んだあと、決まった場所に出していました（笑）。

あんまり口に入れるので、そんなに良いもの？と私も試してみました。おいしいものではないので飲み込む気にはなりませんが、少し冷たいセメントの感じが、なるほど悪くはないのです。息子のこの楽しみ方は、数ヶ月続きました。酷使した玉2個は、すっかり色落ちしてグレーになりましたが、数年間使いました。

## お出かけの荷物

もともと外出好きの私。息子の湿疹がひと段落すると、途端に外へ出たくてムズムズしてきました。息子と外出する準備を始めてみて、驚いたのがその荷物の多彩さ。オムツに着替えにお尻拭き、おもちゃに絵本にちり紙に、お茶におしぼり、おにぎりにおせんべい、タオルに肌掛け、塗り薬。これは小旅行さながらです。独身時代には大活躍したバッグ達はまるで役に立ちません。自分のものはどんどん減って、しまいには財布とハンカチのみ。

もちろん私もマザーバッグを買いましたとも！　かばんには余力が必要。出掛ける時点ですでに満杯では困ります。それに中で何かこぼれちゃう、なんてハプニングもしょっちゅう起こりますから。かといって、洗えて大きけりゃいいのか、というとそうでもない。

「おばちゃんの荷物はごちゃごちゃと多く、絶対キャンディやガムがはいっている」とは、いつかどこかで読んだアンケート結果。昔は「何で？」って思っていましたが、今は納得。あらゆる場面を想定して荷物を揃えていった結果ですよね。備えあれば憂いなしなんですよ、きっと。

11ヶ月頃からの
お出かけスタイル
愛用はプッキーの三輪車
押し棒・キャリア付
これがとにかく
便利でおすすめ
これでどこまでも行っちゃう
キャリアには
ママバッグ
まだ
こぐことができないので
足をのせているだけだけど
気分は一人前！
ペダルとタイヤの回転を離し、
ハンドルを直進方向に固定
しておきます。
親が押し棒を押して
出発！　親の散歩だね。

# もう1回！

子どもにせがまれて同じことを繰り返す時、私は必ず「もう1回？」と人差し指を立てて確認します。

息子はこの「もう1回」のポーズを覚え、1才半にはすっかり使いこなすようになりました。「んっんっ」と言いながら、人差し指を顔の前に立て小首を傾げる、なかなか可愛らしいポーズです。やがてそれは、絵本を読んだ後で頻繁に登場するようになります。このポーズが出た絵本は「当たり」です。面白かった！ もう1回読んで！ ということですから。

果たして同じ本でどのくらいの「もう1回」があるのか興味が湧いてきて、私は試してみることにしました。ねだられる限り、読み続けるのです。

子どもの集中力に脱帽する結果でした。平均すれば新しい本で6～7回、以前からあるものは2～3回で満足するようですが、最高はなんと26回！ 9場面ほどの短い絵本でしたが、さすがに読む私はかなり疲れました。でも息子はよほど気に入ったとみえて、当時2才にもならないのに最後まで集中力を切らさず、どの回も楽しんでいました。本当に子どもの力には感服します。

言葉が出るようになると、「もう1回」はポーズではなく、言葉になりました。そして初めて読んでもらう本は、なんと初回で文章を丸暗記してしまうという事実が判明しました。それを証拠に2回目から、読み間違いは必ず指摘されます。ですから初回に間違って読んでしまうと、間違いのまま記憶されてしまい、後で訂正が大変です。また不思議なのは「もう1回」の回数に、本の長さは関係ないこと。この時期に親の私たちは「読む」ことを鍛えられました。

3歳（当時）の彼にとって、文章の記憶など造作もないことのようです。それよりも絵にどっぷり浸かり、その世界を満喫しています。絵に力のない本は、「もう1回」はおろか、日が変わっても2度目はありません。

私はというと、絵本を開いて我が子が絵本の世界に行く手助けをし、満足して帰ってくるまでの様子を何度も盗み見る、という予想以上の幸せで楽しい時間を手に入れました。大人だけの、こんな絵本の楽しみ方もまた格別です。ちなみに26回読んだ本は「ぶうさんのぶう」（100％オレンジ）です。

## 我が家の子どもがハマった本

**きんぎょがにげた**（福音館書店）

3人とも大好き。「どこににげた」で「ここ〜！」と指差しを延々と繰り返す。本当に延々と…

**おしくら・まんじゅう**（ブロンズ新社）

次に何がおしくらまんじゅうするのかワクワク。「おしくらまんじゅうおされて○○」のリズムが面白く必ず真似しました。納豆が大ウケ。

**はらぺこあおむし**（偕成社）

一個ずつ増えていく食べたもの。穴には必ず指を突っ込み、あおむしくんの気持ちを共有しますので結果穴が広がります。自分の好きな食べ物は何回も食べちゃうので、穴の広がり方が違う。最後蝶々になる、という終わり方もオチがきちんとあっていちいち安心するみたい。

**ものぐさトミー**（岩波子どもの本）

私が子どもの時に大好きだった本。3人ともハマりましたが特に長男。機械仕掛けの家というのに強烈で、大きくなった今でも読み返してクスクス笑っています。

# 息子のスーパースター

2歳を過ぎた頃から息子が固執した絵本がありました。ヒーローの名前は「スモールさん」。スモールさんの何がすごいかって、とにかく万能！　たくさんあるシリーズの中で、スモールさんは消防士になったり、パイロットや機関車の運転士、交通巡査にまで変身し、たくさんの職業についています。私たちは、スモールさんお話の中で蒸気機関車の仕組みを知り、プロペラ飛行機がどうやって飛び、着陸するか知りました。

本が変わる度に違う姿で登場するスモールさんに、大人はちょっと戸惑ったりもしますが、子どもには何の違和感もない様子。プロフェッショナルとしてどの仕事も全うするスモールさんにひたすら憧れていました。3歳になって「スモールさんはおとうさん」に到達します。この本は、『「スモールさんにはおくさんとかこどもとかいないの？」というみなさんのしつもんにおこたえします。いますとも……ごらんなさい、このとおり。』というくだりで始まります。これまでは家庭の影など一切出さない仕事人だったスモールさんでしたが、実は3人の子持ちの5人家族。今度は家族との一週間が曜日ごとに描かれています。まあ、これが堅実な家族！　お父さんは日が高いうちに帰宅し、お母さんは働き者。子どもたちはお手伝い上手。

　我が家とは相当のギャップがあるスモール家に、息子はどう馴染むのか気になりましたが、ページごとに自分の家との違いを述べ、掃除の場面での部屋の汚れ具合だとか、洗濯物の多さだとかに共通点を見つけ、「おとうちゃんのほうがかっこいいよね」なんて張り合いながらも、やっぱりスモールさんのお父さんっぷりに憧れ、自分の父に重ねていたようです。

「金曜日、お父さんと子どもたちは草刈りをし、お母さんはひと休み」という場面を読んだ時の息子のひとこと。

「おかあちゃんはまいにちひとやすみだね」ですって。いやはや。おかあちゃんもそれなりにがんばっているんですけどね。

## くまちゃん

新しくアカネが家族に加わってから、タクミの生活は一変しました。お母ちゃんを独り占めできなくなっただけではなく、それまでは最優先だった要求事項は「ちょっと待ってね」と後回しにされることが急増したのです。

「あかねちゃんはすきだけどもうきらいっ！」。3歳直前の彼は6ヶ月の妹によく言いました。私はといえば、山のような家事にきりきり舞いさせられていて、タクミのこの訴えをほとんど聞き流していました。タクミは荒れ気味になり、私にぷんぷん怒ったり、妹にちょっと意地悪をしたりしながら、日々を過ごしていました。

そんなある日のこと、ものすごい量のお尻ふき用コットンがゴミ箱に捨てられているのを発見した私は、息子のいたずらだと決めつけて、ゴミ箱からそれを拾い、鼻息荒く彼の元に行き、背後から声をかけました。

「タクちゃん、これなに？」と聞く私に、振り向いたタクミは「くまちゃん、うんちだったんだよ。もー、おかあちゃんがうるさいからくまちゃんおきちゃったよー。しずかにしてください」と、バスタオルの下から『くまちゃん』を取り出し「ごめんねー」と抱っこしました。「へ？うんち？」。全く予想外の返答に私は拍子抜けです。

そこで息子の様子をしばし観察しましたら、「おちゃのむ？」などと言いながら、忙しそうに世話しているのです。その様子は私が娘にするのとそっくりそのまま。なかなか堂に入っていて、自分のおっぱいを出して吸わせるそぶりまでもしていました。

私は「うるさくしてごめんね」と謝り、（頭ごなしに叱らなくてよかったー）と内心ホッとしながらその場を離れました。

『くまちゃん』は、タクミが産まれた時、お祝いで我が家にやってきた大きなぬいぐるみ。ずっとソファに座り、タクミの成長を見ていました。ある意味、いちばんタクミのことを知っているかもしれないくまちゃんが、ささくれた彼の心を支えてくれたのでした。サンキュー！くまちゃん！ちなみに上記の話から半年後、くまちゃんには、『うさちゃん』という妹がいることが判明しました。

私は、息子の家族のために
おんぶひもと、おむつカバーを
用意しました。ぴったりです。
ケーセン社のソフトブラウンベア
「くまちゃん」
時には
頼れる兄貴。
時にはかわいい
赤ちゃん。たのもしい存在です。

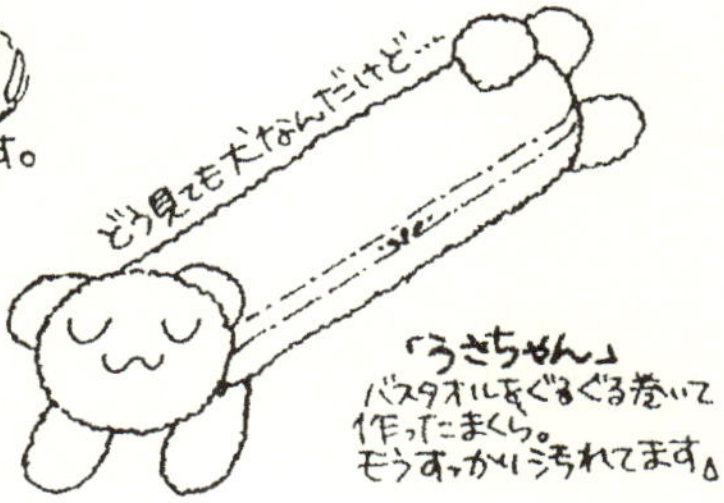
どう見ても犬なんだけど…

「うさちゃん」

バスタオルをぐるぐる巻いて
作ったまくら。

もうすっかり汚れてます。

## ぬいぐるみはなるべく洗わない

一緒に寝ているようなぬいぐるみは、お母さんや自分や家の安心できる匂いつき。だから洗わないのが基本です。よかれと思って、シュッと除菌スプレーをしたり、香り付けなどをすると子どもが嫌がることがあります。

# ベビー人形の効果

二女のシオリが家族の仲間入りをした時、長女のアカネのところにはお人形が来ました。出産の立ち会いをした子どもたちですので、シオリを受け入れないということはありませんでしたが、アカネにとって、ほぼ独占状態のお母ちゃんをシオリに譲り渡さなければならない、という事態には変わりありません。長男タクミのクマのぬいぐるみのように。アカネのささくれた心も癒してくれることを願い、ソフトベビーというお世話人形を渡しました。

ソフトベビーは、子どもが扱いやすい大きさの人形です。「抱っこして」と言っているように両手を広げ、両足は軽く曲げていますので、抱いた子どもの手や体に添う形に作られています。頭と手足は樹脂製、ボディは布製なので抱き心地良く、顔は少し微笑んだ表情です。

子守り上手アカネ
お人形育てで
鍛えてます
から余裕？
自信タップリ
頬にすりすりしたり、
チュウしたり、つついたり。
新生児なのに
とびひや結膜炎
になってしまったシオリ。
アカネから伝染です。
わりと
何されても
平気な
シオリです
3人目は
たくましいっ!!

大人はドキッとするくらいリアルですが、この本物らしいのが重要、子どもにとって赤ちゃんとして接しやすいようです。

タクミはヒト型のものを嫌がりましたが、アカネはハマりました。すぐに「ベビーちゃん」と名付けて、世話を焼き始めました。方法は私がシオリにするのと全く同じ。おっぱいを吸わせ、オムツ交換し、抱っこする…。生まれたての赤ちゃんにすることは、毎日同じことの繰り返しですのでアカネにも覚えやすく、たちまちマスターしてしまいました。ベビーちゃんを抱っこし、あやす姿は大人顔負けの上手さです。そして、ベビーちゃん育てを体験したアカネは、シオリのことも半分母目線でかわいがるようになりました。シオリの泣き声の意味もアカネだけは正確に理解し、私たちに通訳してくれています。

オムツ交換に面白さを見つけた彼女いわく、ベビーちゃんは一日に十回以上ウンチをするらしく、とても忙しいそうです。困るのは、ベビーちゃんのお尻を拭くために、シオリのお尻拭き用に用意している水で濡らしたコットンを使うこと。乾いた布を何度渡してもダメです。濡れたコットンで丹念に拭かれるベビーちゃんの布製お尻は乾く暇がありません。あ～ん、カビが生えそうです（涙）

# 人形の年齢？

長女アカネは、2体の人形と愉快に生活しています。1体は「ここちゃん」。2歳の誕生日に、もう1体の「べビーちゃん」は妹が生まれた2歳5ヶ月にやってきました。

この2体は違う役割を持っています。ここちゃんは、気持ちを共有するパートナー人形、べビーちゃんはお世話する赤ちゃん人形です。見た目もかなり違います。ここちゃんは、目と口が小さく無表情です。でも無表情だからこそ、笑っているようにも泣いているようにも見え、持ち主はその時々の気持ちを人形に投影できます。

一方、べビーちゃんは少し微笑んだ顔。可愛がってね、と言わんばかりのその表情を見ると、世話せずにはいられません。アカネによると、べビーちゃんは一人で何もできないので、大変手間がかかるのだそう。おしめ替え、ご飯の介助、べビーバギーで散歩、と育児に大忙

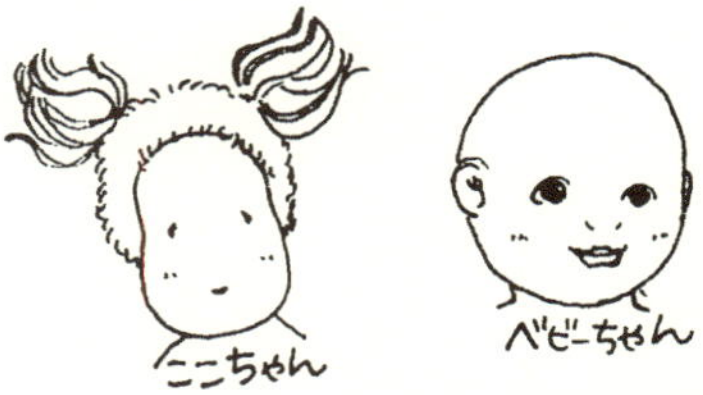

しです。

それに比べ、ここちゃんとは、完全に立場が対等な〝お友だち〟です。アカネができることはここちゃんもできるようで、余計な手出しはしません。ままごとの食事も並べはしますが、食べさせたりはしません。ここちゃんには人格があり、アカネはそれを尊重しています。

けれど、ちょっと意地悪をしたり、自分が叱られた通りに叱ったり、腹立ちまぎれに手足をひっぱったりもします。せっかくの人形を大切にしていないのでは？と気になった時期もありましたが、悲しい時には抱きしめて泣き、外出する時に必ず連れて行くアカネを見て、思い直しました。乱暴するのも信頼しているからこそ、大切の仕方は人それぞれですね。

もうすぐ誕生日が来て、3歳になるのを楽しみにして

## 人形はベッドへ

お世話する人形は、おもちゃではなく、人格があるので、片付けるのではなく、「ベッドに寝かせて」というと、ちゃんと同じ場所に置くようになります。

アカネとシオリは仲良し 2人で遊ぶ時もここちゃんは一緒に連れていきます。

いたアカネは、「ここちゃんももうすぐ3さいやねん」と私に言ってきました。アカネにとって、ここちゃんが一緒に年をとる存在になっていることを嬉しく思いながら、ついでにベビーちゃんの年齢を尋ねました。

「ゼロさい」ですって。ベビーちゃんは、ずっと0歳のままなのだそうです。ベビーちゃんからは卒業する日が来るでしょう。それよりも、ここちゃんがアカネと共に何歳まで歳をとるかが楽しみです。

「誰が人形を連れてくるか」も考えました、が結局、私が手渡しました。人形の世界でも、家族を増やすのは、母の役目かもしれませんね。

## 歯が抜けた！

6歳になった息子タクミの前歯は、上下4本が一斉にグラグラし始めました。生え換わりの時期到来です。茹でトウモロコシやキュウリをかじったりしてグラグラは増し、気になる彼は暇さえあれば歯を動かしていました。触り続けて2週間、初抜歯を迎えました！　歓喜するタクミは、「この歯でペンダントを作る！」と言い始めました。上の歯が抜けると縁の下に、下の歯は屋根の上に投げる…。日本でお馴染みの風習ですが、我が家はマンションの6階。どちらに投げても差し障りがあり、この習慣はマンション暮らしには不向きです。ペンダント作りはいい考えだけど、私は歯がグラグラし始めの頃から考えていたことを提案することにしました。「トゥース・フェアリー」という絵本の内容を引用することです。この絵本は、トゥース・フェアリー（歯の妖精）が訪ねてくるというイギリスの言い伝えをお話にしています。妖

## トゥース・フェアリー

「トゥース・フェアリー　妖精さんわたしの歯をどうするの？」は抜けた歯を持ち帰った妖精の秘密をとても細やかに描いた文字のない絵本です。ズミやウサギやリスは白くて強い歯の象徴。丈夫な永久歯を願ってこれらのモチーフが多くの国で使われるそうなので私もあやかりました。我が家にあるのは歯のネズミさん。フランスの「trousselier（トラセリア）」のもの。フランスでは抜けた歯は枕の下に入れておくと、ネズミが取りに来てコインと交換するという風習なのだそう。それでネズミのモチーフなのでしょう。

精は夜にやってきて、抜けた歯をお金と取り替えて家に持ち帰ります。歯は妖精のピアノの鍵盤に生まれ変わるのです。いい話でしょ。

タクミに、「ペンダントもいいけど妖精さんにあげるのはどう？」と提案すると「そうしたい！」と即答です。そこで、歯を入れるポケットがお腹についた小さなネズミのぬいぐるみを渡しました。タクミはきれいに洗った歯をポケットに入れ枕元に置いて眠りました。

翌朝、歯はピカピカの百円硬貨に変わっていました！大喜びしたタクミは、すぐさま鏡の前で大きな口を開け、妖精さんにあげる歯が何本あるかを数えました。

私は前夜、子どもと一緒に寝てしまい、起きると6時！慌てて歯と百円硬貨を交換しました。タクミが起きたのは6時15分、冷や汗ものでした。妖精のお手伝いはあと19回、責任重大です。

祝 初抜歯!!
タクミ6才
グラグラの下前歯とおや指を糸でつないで「せーのっ！」でばんざーい。スポンと抜けました。自分でやってのけ大満足です☆
（2本目は糸を使わず手で引き抜き、血がタラリと出て少々貧血です）

# 嘘とファンタジー

4歳、年中組のアカネが幼稚園で「嘘つき」と言われ、たいそう落ち込んで帰ってきました。よくよく理由を聞いてみると、お人形と毎日話していると言ったら「お人形はしゃべらない、嘘つきだ」と友達に返されたそう。それで茫然自失、何の反論もできず帰宅したわけです。私に理由を話したアカネは、最後に「ほんとうにおしゃべりできるんだけどな」とつぶやきました。

アカネにはここちゃんの他に〝ハナちゃん〟という仲良しの人形がいます。うれしい時はもちろん、悲しい時や腹が立った時にも感情をぶつけられる良い友達です。兄妹に話すようにハナちゃんと会話しているのも私はよーく知っています。

私も幼い頃、〝リップちゃん〟という大切な人形の友達がいました。今のアカネと同じよう

眠る前、いちばん会話がはずみます♡
たびたびの改名を経て"ハナちゃん"におちついたようです。
ハナちゃんは身長40cmのウォルドルフ人形です。
アカネの気持ちをうけとめます

にリップちゃんと話をしていました。彼女の声も覚えています（たぶんそれは私の声だったのでしょうけど）。それがいつの頃だったか、リップちゃんと会話ができなくなり、リップちゃんはただの人形になりました。思春期にはその存在も忘れ長いこと過ごしました。大人になり再び思い出した時にはもう家にリップちゃんはいませんでしたし、現在では顔もあまり思い出せません。でも抱っこした時の感触やリップちゃんの手や腕の汚れは忘れていません。成長過程の一時期、なくてはならない話し相手だったことも。自分も同じような経験があるからかもしれませんが、人形と話をして嘘つきと言われたアカネを、私はとても愛しく思いました。そして「ほんとうにおしゃべりできる」と信じますので、そうアカネに伝えました。

しかし「嘘つき」という言葉はアカネの心に大きな棘となって突き刺さったようです。以来アカネはハナちゃんとの会話を見られると「うそっこでおしゃべりしてるの」と恥ずかしそうに言い訳するようになってしまいました。ですから会話を楽しんでいる時は不用意に近づかないようにしています。

必要な限りハナちゃんの声がアカネに届きますように。ファンタジーの世界との往復を繰り返し、心の棘にも打ち勝つ力が備わりますように。

# それぞれの楽しみ

我が家の3人の子どもが9歳・6歳・4歳になった時のこと。

いつも寝る前に本を読むのですが、この頃は、読み聞かせが少々難しくなっていました。三年生タクミは何日もかけて読む長編希望だし、一年生アカネは昔話が大好き。年少シオリは当然絵本一辺倒です。平日の我が家は夜8時に就寝ですが、歯磨きをさっさと済ませた残り時間は、目一杯子どもたちが選んだ本を読むということにしています。各々が選んだ本を個別に読んでやればよいのですが、なかなかそうもいかなくて「みんなで一冊」ということが多く、3人が一緒に楽しめる本が決まりません。タクミを立てればシオリには難しく、シオリを立てればタクミは退屈、結果、アカネのセレクトばかりが読まれて、他2人がブーイングとなるのです。

ところが一冊の本が私たちに幸せを運んできました。それは友人からの贈り物で「メルヘンビルダー」、ハンス・フィッシャーという画家が描いた絵本です。グリム童話集なのですが各ページに挿絵はなく、1話分が1枚の絵にまとめて描かれています。1話に1絵、子どもたちはその絵1枚を見ながら、お話を聞くってわけです。

タクミはまず話だけを聞いて、後で絵を見ながら反復、アカネは話を聞きながら目で絵を追い、シオリは指で絵をなぞり「今はここの絵のところ?」と確認しながら。三者三様に楽しみ、平和な時間が過ぎるようになりました。

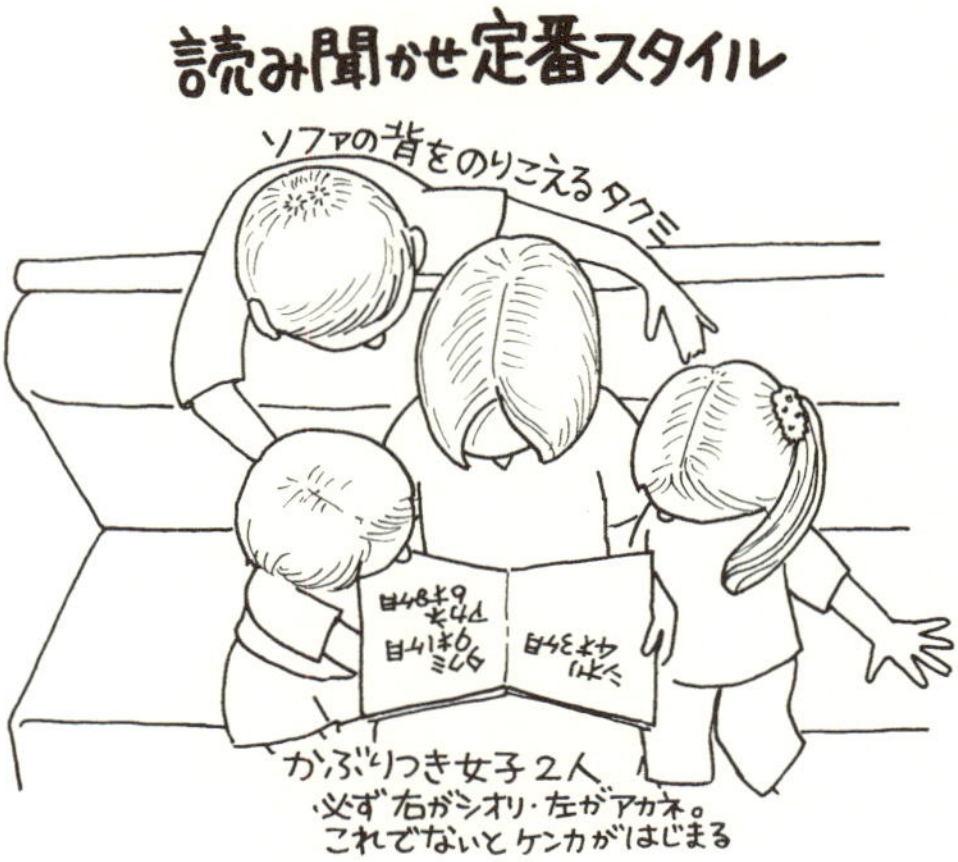


とはいえ、話は結構長く子どもに媚びない訳文ですので、文章もわかりやすいとは言えません（グリム童話のエグさもちゃんとあります）。シオリは途中で寝ちゃうことも多いのですが、寸前まで絵を楽しんでいますので、微笑みながら脱落していきます。
そして女子2人は紙芝居ごっこと称し、絵を指で押さえながらお話を進めていく遊びもし

始めました。ページをめくる時の目線の大きな動きがなく、視線をずらすだけの一枚絵はお話にも没頭できるのか、驚異の記憶力を見せつけてきます。私が間違えた箇所はそのままで。文字ではなく絵を読む子どもたちがひたすら羨ましい私です。

## ドールハウスが育てるもの

7歳になったアカネはドールハウス遊びが大好き。ドールハウス遊びは、見ていると成長具合が良くわかり、それを窺うのが私の密かな楽しみ。アカネが年少になった時、私は目の高さにドールハウスを置き、さわれるようにしました。当時のアカネは人形の服を脱がすのが遊びでした。着せることは出来ず、私が着せるとまた脱がす、で、いつも裸の人形が転がっている状態。人形しか見えてなくて、家具は不要、家はただの飾りでした。

年中組の頃、人形の他に部屋が一つ、アカネの視野に加わりました。その部屋の役割は日によって違いましたが、幼稚園か子ども部屋のどちらかでした。人形が複数必要となり、アカネが他人と関わる生活を始めたのが見て取れました。そして次第に、幼稚園と子ども部屋の2部屋が同時に存在するようになり、2部屋間は道で結ばれ途中に公園が出現しました。しかし登場人物は子どもばかりでした。

年長組に進級すると大人役の人形が登場しました。大人が登場すると部屋から家へと視野が広がり、アカネは「家具がいる」と言い始めました。最初に欲しがったのはベッド、続いてトイレとお風呂、テーブルとイスでした。自分の生活に関心を持ったのが見て取れ、そこに必要な物を考えているのが良くわかりました。

劇的に遊びが広がったのは一年生に進級してからです。お手伝いが反映され、ドールハウスにも台所と居間が出来ました。台所には食器・鍋類が設置され、居間にはソファ、お風呂の横に洗濯機、トイレに掃除用品、庭に物干し台と畑・・・と、一軒家が完成しました。人形たちは家族と友達

に役割分担され、友達の家も出現しました。アカネが一日の流れを把握したのがわかりました。

二年生の今、遊びにはアカネの願望が加わり、それまで友達宅だった2階家がケーキ屋となりました。パティシエになりたいアカネの夢が反映され、1階は店舗と厨房、2階は休憩室、店外には行列用のイスを置くこだわりです。

裸の人形が転がる所から、発展し続けるドールハウス遊び。アカネは実際の世界を観察して考え、小さな世界に反映しながら、想像の世界を加味する楽しみを知っちゃいました。遊びの本番はこれからです。あ～羨ましい！

## ドールハウスのミニチュアフード

［材料］
樹脂粘土（使用しているのはグレイス・フローレの樹脂粘土）・アクリル絵の具・木工用ボンド・ベイキングパウダー・ベビーパウダー

［作り方］
①樹脂粘土にアクリル絵の具を混ぜてこねる
②ベイキングパウダーを少量混ぜてこねる
③成形
④電子レンジ（500w10秒～20秒ほど）にかける。ちょっとふっくらする
⑤仕上げの色つけ。木工用ボンドにアクリル絵の具を混ぜて塗ると乾いた時に照りが出る。ベビーパウダーは粉砂糖の代わりになる
⑥乾燥

# お正月、何して遊ぼう

いつもはいない父がいて、母もカリカリしてなくてゆったりした雰囲気が満ちている家の中は、暖かくていい匂い。私の記憶の年末年始は楽しくてワクワクするものでした。大晦日は「早く寝なさい」と言われない数少ない日で、家族が揃っている我が家では家族ゲーム大会が恒例でした。小さい頃はトランプや双六・カルタ、中学生の頃はトリオ（4則計算ゲーム）などでしたが、高校からはスコットランドヤードです。反抗期で普段は親とロクに話さなかった私も夢中になったくらい面白い～！

これ、ロンドン市内に潜伏して逃走する怪盗ミスターXを、スコットランドヤードの刑事たちが捕まえられるか、という戦略ゲームなのです。ミスターX役のプレイヤーと、刑事役プレイヤーチームとの勝負で、ロンドンの町並みが細かく記されているボード上を逃げるミスターXを刑事たちは限られ移動手段で追いかけます。時々居場所を公開する以外は姿の無いミスターXの進路を見極めながら協力して追い詰めていき、24時間（24手番）以内に捕まえれば刑事の勝ち、逃げ切ればミスターXの勝ち。無表情を貫くミスターX役と、なりふり構わない刑事役との駆け引きが面白く、どちらの役になっても頭はフル回転です。1回の勝負が長時間に及ぶこのゲーム、夜中の家族との時間が若い私には格別でした。

それから三十数年、私の子どもたちもゲームが楽しめるようになりました。毎年、私の実家で過ごす田舎のお正月は、じいじとばあばに会えるし、お父ちゃんとがっつり遊べるし、お母ちゃんは優しいいし、で、子どもたちにとっては待ち遠しくてたまらない時間です。凧あげをしてコマも回し、ここぞとばかり伝承遊びをするのですが、ゲームも仲間入りします。スコットランドヤードはまだ無理なので…。年末年始、我が家はブロックスです！1分で理解できる簡単なルールの手駒を減らすゲームで、我が家の10歳・7歳・5歳がほぼ対等に勝負できる優れもの。本当は戦略が鍵となるのですが、予測不能な手を打つ子どもたちの前ではなす術もなく、5歳があっさり勝てたりするのが魅力です。何より親がお付き合いでなく何度も本気で一緒にできる。素敵でしょ。さぁ遊ぶぞ～。

## 我が家がハマったアナログゲーム

小さい頃は兄妹の年齢の違いによる能力差が大きくて、偶然勝ち負けが決まるものに頼りがちでしたが、末娘が3年生になると５歳上の兄と対等に勝負ができるようになってきました。もちろん兄が勝つことが多いのですが、シオリ持ち前の負けん気と根性でドンドン強くなり、手加減無用の真剣勝負が家族でできるようになりました。思春期真っ只中で団欒なんてクソ食らえのタクミもゲームの誘いには乗ってくれます。

**家族バトルで白熱したゲーム**

- ドメモ
- ラミーキューブ
- カタンの開拓者

**対戦型白熱ゲーム**

- バックギャモン
- アバロン
- ガイスター
- 花札

# 第7章

# 入園の巻

最初に待ち構える
親子にとっての大きな関門。
でも慣れれば強い味方です！

# 保育園生活のスタート！

長男が生まれても働いていた私は、息子を保育園に預けることにしました。入園する時に「お子さんのマークを決めて下さい。これは靴入れやロッカーなど個人の場所に名前と一緒に付けます。同じマークを卒園まで使いますから」と先生。言われてみれば、園のどの場所にも、それぞれの子にオリジナルのシンボルマーク。親の手作りシールが名前とともに貼られています。字が読めなくても、自分の場所がわかるためのものです。

考えた末、息子のパートナーは「赤い木馬」に決めました。揺れる木馬のようにゆったりと園生活を楽しんで欲しい、そんな名付けに似た気持ちです。そしていよいよ、0歳児クラスへ入園する日。

1年間、どっぷり赤ちゃんとの生活に浸かった私もいよいよ社会復帰。甘い気分から抜け出すには、それ相応の覚悟と思い切りが必要です。しかも自分の都合では何ともならない存在を抱えての復帰ですから、以前とは状況がまるで違います。とはいえ、また社会（外）に出られる喜びも多く、私自身もとても複雑な気持ちでした。

息子が健やかでなければ、私も働けません。保育園は見学し、納得して決めました。それでも初日は大変です。なにしろ1時間もの長期間、息子と離れるのですから。もちろん泣きましたとも！　私が。

その間、何も手につきません。30分前には保育園の門、15分前にはお部屋の脇で待機、約束の5分前には、我慢できなくなりお迎えに行ってしまいました。

息子もさぞかし辛かろう、きっと号泣に違いない。締め付けるような胸の痛みを抱えて1時間ぶりに対面した彼は、私の予想に反して、ケロっとした様子で保育士に抱かれていました。聞けば、まったく泣いていないとのこと。拍子抜けです。

もちろん息子が泣く日もありましたが、その後も順調に通い、息子の受け容れ保育と私のリハビリ期間は、2週間で終わりま

お迎えに行くと
どこにいても
満面の笑みで
やってきてくれます。

した。決め手は、担当保育士制です。

保育園では第二の母となる担当の保育士さんが、完全に息子の生活をバックアップしてくれます。交換日記のような連絡ノートで園での息子の様子が把握でき、細やかな対応でひとつひとつ、不安を取り除いてくれます。「仕事をしている間の息子のことは、この人に任せておけば大丈夫」という安心感は何事にも変えられません。アトピーや食物アレルギーを物ともせず、全力で私達をサポートしてくれたのは、私よりもはるかに若くてかわいい保育士さんでした。すごい！

## 親も育つ保育園

担当の保育士さんの元で慣れ、親以外で信頼することを覚えると、不思議と他の大人に対しても落ち着いて接することができるようです。保育士さんたちは息子に対し「子どもだから」とか「赤ちゃんだし」というバカにしたものは一切なく、一人の人間として常に接してくれていました。

保育室は、静かで安定しています。用がある時は、目の前まで来て静かに名前を呼んでくれるので、大人と子どもが叫び合うということはありません。音楽がずーっと流れているなんてことももちろんなく、肉声でわらべ唄をうたってくれる。まだ聞き分けのできない、集音器のような耳の赤ちゃんにとっては何よりの安心でしょう。

食事がいちばん顕著かもしれません。子どもの「食べたい」という意欲をかなえながら、汚くない。食事時間、机と椅子の高さ、食器のセレクト、食べる向き、保育士の位置など、大人の仕掛けひとつで、赤ちゃんでもこんなに上手に食べられるんだ、という方法です。

そして、乳児にとっていちばん大切なことは「基本的な生活習慣（リズム）を身に付けること」。そのため、乳幼児は遠足や運動会等の保育園の行事には参加しない、と配慮されています。毎日、同じ場所で同じことを繰り返すことにより子どもは「今は何をする時間か」がきちんとわかり、迷わずおだやかに生活することができるのですね。

保育園がこんなにきちんと我が子と向かいあってくれている。親である私も甘えっぱなしではいられません。保育園にいる時間以外のことを綴る連絡ノートは真剣です。夕・朝食の献立と食事量、朝夕の排便の様子、睡眠時間、入浴の有無、機嫌、体温、連絡事項を毎日記載して登園します。文字にしてみて初めて気付くことも多く、食事や家庭での生活を見直すきっかけになったりして、親も共に育っていくという感じ。連絡ノートは入園当初から数えて10冊以上。今では我が家の宝物です。

脳天を突き抜けるウマさ、って意味らしい。
おいしい!!のポーズ
口にものが入るやいなや
もう手は頭の上に
あります。ほとんど
条件反射デス。
（1才頃から）

## 保育ノートは宝物

案外、子育てのことは通り過ぎてしまうと、その頃にどうだったかということを忘れてしまうもの。七五三や誕生日など「記念」のものばかりではなく、日常の「記録」をとっておくと、他のものには代え難い宝物になりますよ。

# あんころもちいくつ？

「♪さよならあんころもち、またきなこ♪」という唄があります。子どもたちがいた静岡の保育園では降園時、保育士さんが帰る子どもと一対一で向き合って両手を繋ぎ、毎日欠かさず唄ってくれました。手を振りながら唄う〝さようならまた来てね〟という意味のわらべ唄です。転勤による大阪への引っ越しで、転園を余儀なくされた子どもたちは、2ヶ月間の待機後、公立保育園への入園が決定しました。

不安な気持ちを抱えての初登園日、全く違う環境と馴染みのない関西弁に2歳児のアカネはもちろん、年中のタクミの足も門のところで動かなくなりました。大泣きするアカネを担任に託し、タクミを保育室まで送ります。タクミは目にあふれんばかりの涙をため、我慢しています。その健気な様子を見ると私もくじけそう。心を奮い立たせて「行けそう？」と問いかけると、タクミは「さよならあんころもち、して」と涙声で答えるではありませんか。

保育室の入口で手をつなぎ、なるべく楽しく唄いますが、終わってもタクミはうつむいたまま、手が離せません。

「あんころもち、もうひとつして」

と訴える彼と私は、何度も何度もあんころもちを作り続けました。10回以上唄ったでしょうか、タクミはようやく「いってくるね」と私を抱きしめ、手を離したのでした。毎日の習慣になっていたこの唄には、気持ちを治めて切り替える意味があったのだ、と私は初めて気付きました。

「さよならあんころもち」はそれから毎朝、私と離れる時のお決まりの唄となりました。当初、タクミと10個以上作っていたあんころもちは、日を追うごとに数を減らしました。アカネも3週間後、にっこり笑って自分から手を離して別れるようになりました。唄う回数が減り笑顔が増えるに従って、2人は大阪弁が上達し、新しい環境に順応していきました。

今では、ぴょんぴょん跳ねながら元気に1回だけ唄い「おかあちゃんもがんばってな〜っ」と手を振り、遊びに向かうようになりました。

わらべ唄は、前向きにいこうという気持ちを育て、応援もしてくれるのです。暖かい言葉で育ててくれた静岡の保育園に感謝しながら、新しい保育園でも浸透することを願って、少し大きな声で唄いました。

さよなら あんころもち またきな こ

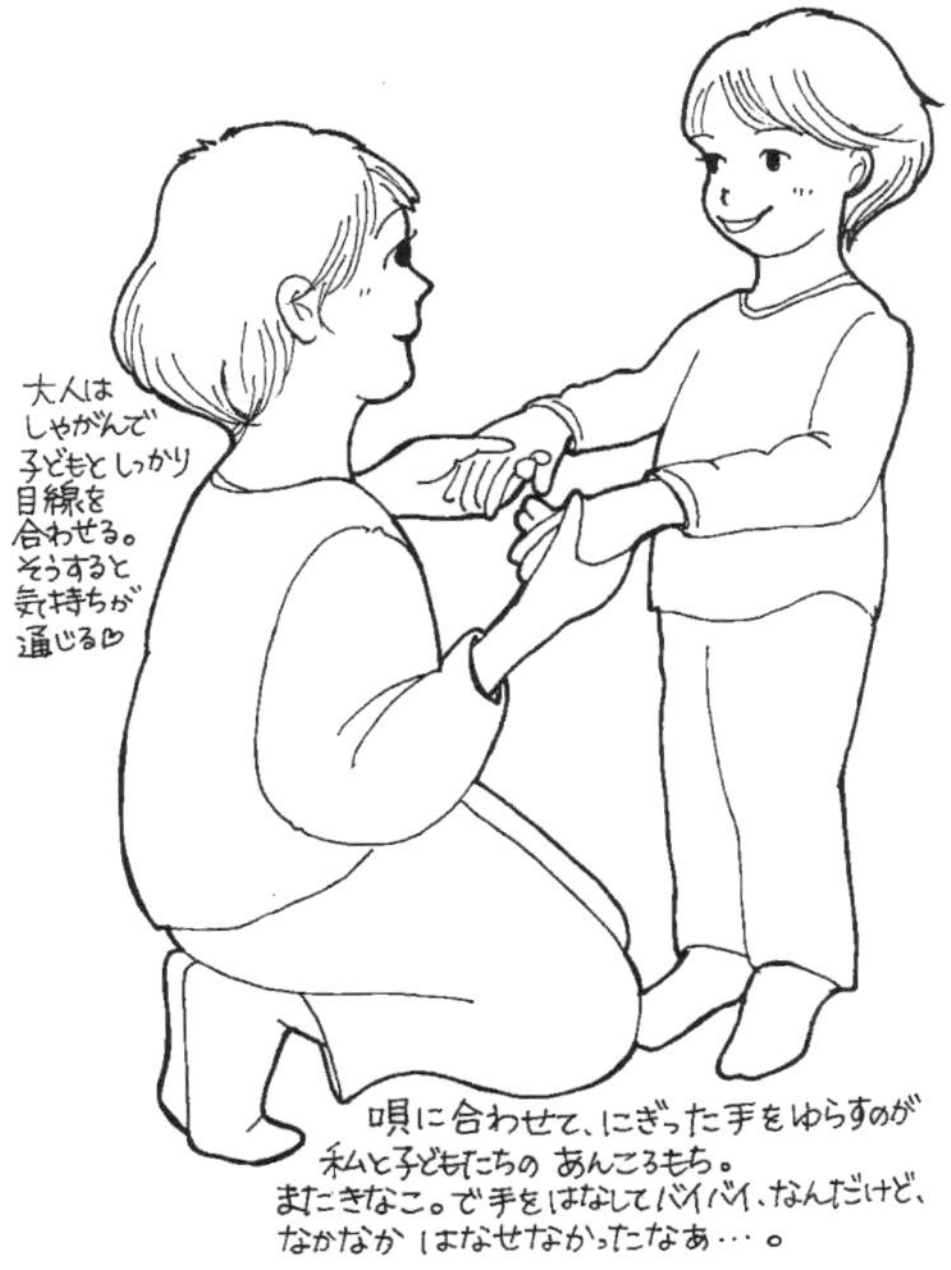
大人は
しゃがんで
子どもと しっかり
目線を
合わせる。
そうすると
気持ちが
通じる♡
唄に合わせて、にぎった手をゆらすのが
私と子どもたちの あんころもち。
またきなこ。で手をはなしてバイバイ、なんだけど、
なかなか はなせなかったなあ…。

※「さよならあんころもち」のところに合わせてお団子を握る動作をして「またきなこ」で相手に渡す動作をするのですが、私と子たちはそれではなくお互いの両手を握って唄いましたので、そちらをイラストにしました。

# 2人目の入園

引き裂かれるように寂しくて辛かった息子の保育園入園は1歳、娘は8ヶ月で開始です。不思議なことに、私は寂しくも辛くもないのです。2人目だから？ 女同志だから？ 肝っ玉母ちゃん化？ とにもかくにもワクワクするような感覚さえ持ちながら、アトピーと食物アレルギーのおまけつきで0歳児クラスに入園しました。

娘・アカネの保育園生活、最大の理解者である担当はイツコさん、大ベテラン保育士です。事前の打ち合わせで、湿疹で痒い子どもであるということを考慮して下さり、受容保育期間は1ヶ月と決まりました。そして親である私も一緒に保育室に入り、2人で部屋に慣れていく方法をとることになりました。

初めは膝から離れなかったアカネでしたが、1週間も経つと1人で遊び始めました。その間イツコさんは、ずっと影のような存在で付かず離れず、そばにいては下さいましたが、ア

入園時のアカネ
あかい・かゆい
ヒジ
ただれ
ホータイ巻
ミトン
ま、見るからに
アトピーの子でしたなー。

カネに触れることはありませんでした。それなのに2週間め、アカネは自らおもちゃを持ってイツコさんの所に行き、抱っこされるようになったのです。まなざしがちゃんとアカネに届いていたのです。築かれた関係に感動しつつ、すっかり用無しになった私は気付かれないうちに部屋から出て、外から様子を覗き見ます。

1時間から始まった保育時間も少しずつ延長、3週間目には午前中を保育室で過ごすようになり、私は1度帰宅して再び迎えに行くまでになりました。イツコさんのサポートも絶大。不安にならない絶妙のタイミングで「次にすること」を提供してくれました。ストレスで途端に悪化するのがアトピーっ子、肌の様子を見ていればどのように過ごしているのかがわかります。アカネはゆっくりと回復しながら園生活に馴染んでいったのです。

また、小麦・大豆・ソバ・ピーナツのアレルギーを持っての入園でしたが、調理の方々と丁寧なミーティングを重ね、アカネ専用の完全除去食メニューで対応して下さることとなりました。イツコさんとの初食事を完食し、4週間目、お昼寝も成功。受容保育完了です！

信頼するということを獲得したアカネは、他の大人も受け入れ、信頼の輪を広げ、マイペースに園生活を楽しめるようになりました。

# 文字はいつ覚える？

私が専業主婦になったことがきっかけで我が家初の幼稚園児になったアカネ。幼稚園は年長児に平仮名を教えます。私なんぞは、「字なんて学校に行ってからで十分なのに…」と思いますが、そんな親の思いとは裏腹にアカネはそれが大好き！ 習ってくる文字の虜になってしまいました。スポンジが水を吸収するように、アカネの頭の中にどんどん文字が増え、毎日帰宅後ノートに何度も書き続けました。最初は単なる羅列だったものも、徐々に単語となり、文章になるのにはそう時間はかかりませんでした。そして、文字で気持ちや状況を伝えることに至福の喜びを感じたアカネは、手紙魔へと変身しました。幼稚園では、画用紙をハガキに、折り紙を切手にして手紙を出すごっこ遊びして、更に帰宅後は友達や祖父母や家族に手紙を書き続けます。家にある裏紙、折り紙、紙という紙は全て便箋と封筒になりました。私には

膝にのせてでも書く！
机がなくても
揺れていても
少々暗くても
ひたすら
書く書く〜♪
アカネ6才0ヶ月
アカネの名言
「にほんごって
すてきだね」
ホントね

「おかあちゃんへ」の書き出しで日に何通も手紙が来ます。夫へは家に居ない時に書いた手紙を写真に撮ってメールで送信します。書くことがなくなってくると、「おしっこいきました」「はみがきしました」「おちゃください」と日常の行動を筆談でしてくるようになりました。〝できれば返事も手紙でほしい。〟というので、「わかりました」「はい」と、目の前にいるのに往復書簡、不思議な光景です。手紙には絵が付きはじめ、知っている歌詞も絵付きで書き、謎の暗号文、迷路の手紙、ラブレター…とすごいスピードで書き、毎夜アカネが寝た後には、処理に悩む作品が山のように積まれています。ついには、二年生の兄タクミがど忘れした文字（平仮名です）をアカネがヒントを出して思い出させる始末。アカネは「お願いだからお習字に行かせて」と詰め寄って来るようになりました。

## 言葉は「伝える」ため

文字を覚えることについては、案外、深く考えずとも、子どもがやりたければ自らやるんですね。親の押しつけで早期に「覚えさせよう」とか「やりなさい」とかしなければ、自然と始まっているものなのかもしれません。遠くのおばあちゃんに手紙を送る、お友達に手紙を書きたい、など何か目的があれば、自然と言葉を覚えたくなります。「文字を書きたくなる」自然の流れに身を任せてみるのもいい方法かもしれません。

# はじめの一歩

3番目シオリも幼稚園の年少組に入りました。2年間、姉アカネの登園に同行し「シオリもかえらない！」と散々ゴネた幼稚園です。一日入園も楽しんだし、担任も大好き。入園を心待ちにしていました。

アカネの入学式の3日後、ついにシオリの入園式です。ついこの前までアカネが着ていた憧れの園服を着て上機嫌で出発しました。

幼稚園に着くと「アカネ～」と姉を探し始めたのです。え？ 何故？ と思いながら「アカネは学校だよ」と言うと「え？　それならシオリかえる！」と耳を疑う返答…。

シオリにとって〝一人で行く幼稚園〟は想定外だったようです。そして、そんな理不尽は

寝ると天使でーす
シオリ3才10ケ月
昼間、新しいことを目一杯つめこんでくるので、ヘトヘト
19:15には就寝してしまいます。
睡眠をいくらとっても、整理する情報であふれている毎日デス。

承知できない、とばかりに激しい抵抗を始めました。あまりのすごさに『今日は帰ろう』と決めたほど。でも一瞬シオリが「おとうちゃんにしゃしん、みせるんだった」とつぶやいたので、今がチャンス！と会場に走りこみました。

躍起になって出席した入園式、シオリは私の膝から一度も降りず、名前を呼ばれれば「ようちえんやめます」と返事。暗雲立ち込めるスタートを切りました。

翌日からは、口達者なシオリならではの抵抗が始まりました。

「泣いちゃうから、念のため」

「風にきっと飛ばされるから」

「絶対に袖なしの服が着たいけど、今日は寒いから」

…毎朝生み出される〝今日行けない理由〟の見事なこと！

登園したら靴・帽子・鞄を次々放り投げ、手足を振り回して暴れ、〝ここには居られない〟とアピールしますが、先生は吠えるシオリをしっかり抱き取り「大丈夫！」とにっこり（プロです）。もっとも私が消えると泣き止むのですけどね。私の方も、別れが切なく辛かった長男の時とは違い、笑顔でお付き合いです。

2週間続いた暴挙は、突然スッパリ終わりました。「きょうたのしみ～」とシオリ。幼稚園が自分にとって安全であること、先生が信頼できる人物であること、クラスの日課を理解すること、明日の見通しなど、シオリなりの課題をクリアして、大きな一歩を踏み出せたようです。入園おめでとう！

で、私はただの邪魔者になり下がりました。シオリは「はやくおうちにかえってよ」と冷たいのなんの。極端すぎる～。

## 良い環境って何？

シオリが通園するK幼稚園は、園庭も教室も狭く、たいした遊具やおもちゃや絵本もなく、乱暴な言い方ですが、「時代遅れ」の園です。数年

あ～しあわせ～♡
"今日もね たんのしかったヨー!" と言葉が弾みます
シオリ5才10ヶ月
楽しいのがなによりね♪

前に夫の実家への同居が決まってから、長女アカネも入園・卒園した幼稚園です。私たち夫婦はK幼稚園を「何だか幼稚だけど、夢見がちなアカネには合っているようで良かったね」と話していました。それまでの経験や知識から、良い保育には良い玩具と良い絵本が欠かせない、との信念が私にはありました。言い換えれば、良い玩具や絵本が揃っているのが良い園だ、と思っていたわけです。それ自体は間違っていないと今でも思っていますが…。

当時の私の基準では到底「良い園」とは思いませんでしたが、家から最も近く、夫もその弟妹も卒園し、義母が良い園だと評するK幼稚園以外に選択肢はありませんでした。そして、娘を通わせることにした自分に対する言い訳が、「アカネには合っている」という言葉となってあらわれたのでした。毎日シオリは元気に幼稚園に行きました。帰ってくると怒涛の楽しかった報告。それは必ず「明日も楽しみ～！」の言葉で締めくくられます。シオリがいつもご機嫌な子だから？　思いのほかシオリにも合っていたから？　それとも、私が妥協することに慣れたから？　いいえ、そうではありません。

私は気付きました。K幼稚園は「良い園」なのです。先生たちは、いつも園児たちを1人ひとりちゃんと見てくれていて、子ども達のやりたい思いをできる限り、ギリギリの限界まで受け容れてくれます。大人の都合をまっとうするために園児に脅しの言葉を掛ける人は誰1人おらず、大人の決めた通りにならないからといって、怒ったり悲しんだりする人もいません。毎日、シオリがどんなに独創的な発想で遊んだか、それがどれほどお友達や先生を楽しませたか、を教えてくれます。泥でぬか床を仕込み毎日混ぜている様子、クラスの女の子全員の髪を『まあちゃんのながいかみ』みたいに三つ編にした様子、民族衣装風にカーテンをまとった話など…。ある人は「環境構成は人が8割、モノが2割」と言いました。子どもたちにとっての良い環境とは、良い人間関係があってこそなのだと実感しています。

## 「保育園ママ」と「幼稚園ママ」

長女アカネが幼稚園を卒園しました。思い起こせば、生後9ヶ月からの私立保育園通い、引っ越し先で、待機児童を2ヶ月経験した後の公立保育園通い、更に引っ越して私立幼稚園通い、と、環境の変化に富んだ6年でした。そんなわけで私も〝保育園ママ〟と〝幼稚園ママ〟の両方になりました。

保育園ママは基本的に就職していて、仕事と育児の両立が最大の課題です。そのため優先順位をつけて物事を進めます。社会とのつながりを保持つために、家事や育児では諦めることが多いのが現状です。私自身がそうでした。常に小走りで「時間がない！」と苛立ち、子どもの夕飯や就寝時間が遅いことを悩み、子どもを犠牲にしているかも？と焦る毎日でした。外へ出ている時間が、自分の時間。働いている間の方がラクなくらい。

幼稚園ママは基本的に専業主婦です。それまで仕事と育児の両立で忙しかった私は最初「時間がたっぷりある！」と喜びました。

でも実際に専業主婦になってみると…とんでもない！　子どもがいない時間は5～6時間あるのに、時間はやっぱり足りません。見ないふりをしてきた家事は山のようにありましたし、知らなかった昼間の生活は、町内会やPTAなど報酬の発生しない仕事がたくさんありました。当たり前にすべきこととされる雑用の嵐。誰にも評価されない日々…。子ども中心の生活は、どんどん内にこもってストレスを抱えてしまう危険があり、外に発信し続ける努力が必要です。よくママ同士が「昼間に喫茶店でおしゃべり」「夜の飲み会」をしていると「暇を持て余して群れている」「子どもを放っている」と批判の的になりがちですが、ママにとっては悩みを打ち明け、情報交換をする大切な時間なのです。

母は太陽です。ストレスで母は病み、太陽がかげると、家族はダメになります。

保育園ママも幼稚園ママも立場は違うけど、「子は宝」だと思い、子育てに悩み、楽しむため、ストレス解消の方法を画策しているのですよ。どっちがいいなんてない。どっちもそれぞれの悩みがあり大変。世間よ、ママにもう少し優しいまなざしを！（祈）

ピカピカの1年生
学校の指定は何もないのにやっぱりランドセル!!
ほとんどの子がランドセルです。
水色にピンクのパイピングハートがちらばってる
アカネ6才2ヶ月
私のストレス解消法は家呑み。近所の友だちと夕飯を食べながら、ずーっとおしゃべりです。もちろん子どもたちも一緒。夫たちも合流します!

第８章

# 兄弟・じいじ・ばあばの巻

幼児の頃は、まだお友達よりも、
家族との関わりが濃密。
親以外とはまた別の世界があるようです。

# 妹がやってきた！

息子タクミは妹がお腹にいる間、出てくるのを楽しみにしてました。私が大きくなったお腹を指して「アカネちゃんはタクの妹よ」と言うと、本人も「もうすぐアカネちゃんでてくるねー！」と言いながら、しきりにお腹をさすってくれました。

しかしやはり、彼にはその事態が正確には予測できていなかったようです。ある日の夕方、父に連れられて行った助産院で、見知らぬ子がぎゃんぎゃん泣いて、「タクのお母ちゃん」を独占していました。その光景に茫然とする息子。まさに晴天の霹靂です。

やっとの思いで母が居ない一週間を過ごし、母を迎えに行ったのに、あろうことか母はその子も連れて帰ると言うのです。「お母ちゃんだけがいいの！ アカネちゃんは置いて帰って！」という訴えもむなしく却下。涙で死守したお母ちゃんの抱っこで、しぶしぶ帰ったのでした。

帰宅後、息子は娘に指一本触れません。彼女が泣いてもわめいても完全無視。根比べが始まりました。息子は飲むのをやめた代わりに、おっぱいを触ったり、舐めたり、頬をよせたり、という新たな楽しみを見つけていましたが、何と期待に反して、そこから母乳が出てきます。

「おかあちゃん、何か出てるよ」

「おっぱいよ」

「出さないで」

「でも出ちゃうから飲んで」

「飲めないよぉ」

「じゃ、アカネちゃんと代わって」

妹と代わるなんてとんでもないことです。一度やめた母乳はもう気持ち悪くて飲めませんが、一生懸命飲もうと努力したのでしょう。口いっぱいに溜まった液体を泣きながら吐き出し、最後には「アカネちゃんとかわるぅ」と言いました。それからは、妹が飲み終えて空っぽになったおっぱいを安心して触る、という共生の道を歩み始め、次第に妹自体にも興味を持ち始めました。娘が生まれてから1ヶ月が経つ頃、ついに「タクのアカネちゃん」というセリフが登場。私も夫も胸をほっと撫で下ろしました。

いちど受け入れると急速に愛が深まります
ふふ
首のすわらない妹を抱く兄。
ひんぱんに
ヨレヨレなのに
ちっとも嫌がらない妹

# 頼れる味方

子どもが生まれてから長い間、私は自分がみじめでした。もちろん、子どもと共に過ごし成長に寄り添うことは至福の喜びです。でも夜昼を問わず育児に追われ、化粧っ気もなく、伸びてヨダレ染みの付いたTシャツを着て髪を振り乱し、外出らしい外出もできず、食事も買い物も全て子ども中心。会話さえ子ども相手か、子どもの話題のいずれか。きっと私は、このままどんどん社会から取り残されて、世間知らずなオバさんになっていくんだわ、と焦りが募ります。やがては、産まないほうがよかったんだ、私には育児など無理だったんだ、と後悔を始め、しまいには自分が世界で一番惨めな人間の様な気がしてきて殻に閉じこもる、ということまで頻発しました。育児は初体験。自信など微塵もありません。そしてそういう私の暗澹たる気持ちは、傍らにいる夫には、もどかしいほどに伝わりません。

ところが不思議とそんな時、テレパシーのように空を飛んでやって来る「意志」があります。電話をくれる母、メールをくれる義母です。会話の内容は2人とも孫の話。私は尋ねられるがまま子どもの様子を報告している内に、段々と冷静さを取り戻す、ということが何度もありました。

会いに行けばもちろん、孫を可愛がってくれます。よくもまあ、あれほど甘やかせるもんだ、と呆れるほどです。「じいじとばあば」の家で、子どもたちはのびのびとして、普段は見せない顔を覗かせたりします。そして私は、孫を可愛がってくれる両親の姿に救われます。やっぱり産んで良かったんだ、と母としての自信を失わずにいられるのですから。

子どもが2人、3人となってみると、日々目まぐるしく、化粧っけのなさも、髪の振り乱し方も、Tシャツの伸び具合も半端ではありません。が、その分、私の肝も据わり、状況を楽しむ余裕も出来てきました。

子育ては夫婦だけでは行き詰まることって多いんですね。私たちは将来、いい「じいじとばあば」になれるかしら。そんなことを思うようになりました。

# キャラクター合戦

子どもとの生活で、避けて通れないのがキャラクター物です。我が家はテレビをあまりつけないのですが、息子が2歳になる頃から、キャラクター物はじわじわと生活を侵食し始めました。私は木のおもちゃを売る店で働いていましたから、当然、そういったものは買い与えず、また家の中が下品で落ち着かなくなるからといった理由で、頑なにキャラクター物のない生活を目指していました。幸い、保育園の中はそういったものが一切なく、さほど苦労なく過ごしていたのですが…奴らはある日、思いもかけない場所から息子の元にやってきました。小児科の診察券です。見たことのない強烈な色遣いに息子は釘付け。スーパーでも熱心にそいつを探すようになりました。おー、注意を払って見てみると山のようにあるじゃありませんか。食料品から日用品にいたるまで、まんべんなく浸透しているのです。他のキャラクターに気付くのにもたいした時間はかかりません。はい、感染です。

当然、息子はキャラクターがついた物たちが欲しいといい始め、買いたくない私とバトルが始まります。へ理屈・号泣・牛歩戦術、あらゆる手を駆使して入手しようとしますが、私はほとんど屈することなく、悪態をつく我が子を引きずって帰っていました。

状況が一変したのは帰省時です。いとも簡単に折れる祖父母の元、息子はあっさり目的の物を獲得し、盆と正月の度に戦利品が増えるという構図が出来上がります。彼の中で「キャラクター物はじいじとばあば」がインプットされ、親との買い物の時は、次に買ってもらう物を夢見て過ごすようになり、親子の平和が保たれました。私の努力を無にする甘い祖父母の行動でしたが、皮肉にも救われたのは他でもない、毎日のバトルで疲れた私自身だったのです。この一連で、「日常と非日常」を使い分けて、気持ちの線引きをすることの重要さを思い知った私でした。「お母ちゃんとお父ちゃんは、ガチャポンにお金を入れない」というのが、我が家のルールです。息子は労働して賃金を得（お手伝いをして5円や10円をためています）、私たちもその使い道にまでとやかく言わないようにしています。ま、いいか、元気なら。

# おなかがいたい

シオリが生まれ、我が家の子どもが3人になってしばらくたった時。5歳上のタクミ、2歳上のアカネの2人は出産にも立ち会い、シオリを舐めるように可愛がりましたので、私は〝新しい家族が上手く受け入れられた〟と安堵していました。

ところがアカネが「おなかがいたい」と頻繁に言うように。心配で、お腹をさすりトイレに一緒に行ったりすると「なおった」と離れて行きますが、しばらくすると「おなかがいたい」と戻ってくるのです。日に何度も同じ行動をするので、そのうち私は「また?」という気持ちとともに、おざなりな対応になりました。そんな態度を見破ったアカネは「ほんとにおなかがいたい」「はきそう」と誇張した表現に…。新たなアクションが加わると私の心配は復活します。でもまた慣れちゃうんです。

ある朝「はきそう」と言って洗面所に行ったアカネが「ほんとにでた~」と号泣していま

す。本当の時もあるのか、と私は心で驚き、その日は保育園を休ませて二人でゆっくり過ごすことにしました。すると日中、アカネのお腹は一度も痛くなりません。でも保育園に兄妹を迎えに行く頃「おなかいたい」連発です。

ようやく鈍感な私はアカネの症状がSOSであると解りました。手数の多い乳児の世話に没頭し、すっかり上の2人（特に真ん中のアカネ）を後回しにしたことにも気付きました。アカネは寂しさを「おなかいたい」と表現したのです。何かなければ傍に行けない、と思わせたのは私。「おなかいたい」の回数は欲求の回数でした。

家では2人だけの時間が取りにくいので、考えた末、保育園のお迎えの順を逆転しました。私にはシオリ抜きで上の2人と話し、抱きしめる時間が必要でした。アカネは「おなかいたい」ではなく「だっこして」と直球を投げてくれることが増えました。どの子に対しても愛情は変わりません。配慮も同じくすることは大切だけど難しい。子育ては一歩ずつです。

# 2番目の憂鬱

2歳5ヶ月違いの3人の子どもたち。どの子も非常に個性的で面白く、3人は絶妙の関係で暮らしていたのですが、最近2番目アカネに変化が出てきて、その均衡を崩し始めています。

真ん中の子というのは、我慢したり譲ったり待ったり、が他の子よりも多いように思います。しかも親の注目は他の子より得られず、親も何となく受け流してしまいがち。アカネが正にそうなのです。シオリが生まれて真ん中になって以来、アカネ本来の強いこだわりはすっかり鳴りを潜めました。長子タクミには強く当たられ、末っ子シオリにも様々理不尽な要求を突き付けられる毎日、アカネは辛抱強く、どちらとも付き合いました。三人の関係の要はアカネでした。

インフルエンザで高熱なのに…
40°で目ウルウル～
アカネ6才0ヶ月
「おかあちゃん、ごめんねぇ。
アカネはインフルエンザが
こんなに、おかあちゃんに
苦労かけるって知らなかった。
なっちゃってごめんねぇ。」と。
そんな気遣い無用だっつーの。
(ひとりで号泣。)

それが、幼稚園で同じクラスのナミちゃんと仲良くなったことで、アカネが変わり始めたのです。したいことはしたい、イヤなことはイヤ、と自分の気持ちを正直に伝えるナミちゃんをアカネは尊敬しました。真似て自分も、兄妹にそれまでは飲み込んできた「絶対イヤ」や「アカネはこうしたい」と、まず手紙で発信するようになりました。次第に発言もでき始め、こだわりを表に出し始めました。

でもそうなると当然、これまでの道理が通らなくなった兄妹とは喧嘩が絶えません。アカネは日に何度も大泣きするようになり、タクミ＋シオリ対アカネという構図が日常化してしまいました。タクミとシオリが「アカネ＝無理が通る存在」ではないことに気付いた上での関係正常化が我が子三人の課題です。

私にできるのは、泣くアカネをただただ抱きしめ、「思ったことは言って良い」ことを毎回伝えるだけです。本当は私が親として、タクミやシオリにアドバイスするべきなのでしょう。しかし、二人姉妹で長女の私には、アカネの立場（真ん中の悲哀）は正直わからない、が本音。ですから毎日の兄妹ゲンカを観察しつつ、泣かされたアカネを膝にのせて、〝2人が早く気付かないかなぁ〟とひたすら願い待つ作戦を実行中です。

## そうだ、旅に出よう！

子ども部屋があまりにも散らかり放しで、片づけはお母ちゃんの仕事。くらいに思っている女子２人。このままだと、流行りの（？）片付けられない若者になっちゃう！と危惧した私は、２人と一緒に、一つ一つ物の住所を決めていき、使い終わったらおうちに帰らせてあげることを決めました。ノリノリで住所を決めた２人。戻せることを期待しましたが、まぁ、半月もすると元のもくあみです。呆れるやら腹が立つやらで部屋の入り口で仁王立ちになり、子どもたちに片付けさせると、場所は覚えているらしく、迷わず戻していきます。

「あなたたちも外に出たまま帰れなくなったら悲しくない？おもちゃも同じだと思うけど、どう？」と問うと、アカネは神妙な顔でしばらく考え、

「そっか。そうだよシーちゃん。これからはさ、おもちゃを戻してあげられなかったら、アカネたちも旅に出ることにしよう」とこれまた神妙な顔のシオリに不思議な提案をしました。

「えー、でもシオリは家にいたい」

「大丈夫よシーちゃん、もし戻せなかったら、の話！　戻せばいいだけじゃん！」

「そっか。おうちに帰らせてあげればいいだけか。簡単だね！うん。旅に出ていいよ～」

「じゃさ、シーちゃん。旅の準備はしておこうよ。リュック出そう！」

「りょうかーい。シオリはクマちゃん連れていく！」

「そうだシーちゃん、森でリスちゃんとか見つけるかもしれないから、虫カゴ持って行こ」

「シオリはリスのごはんを捕まえるから釣り竿！　あれ？リスってお魚食べるのかな？」

「アカネたちが食べればいいよ。あ、夜どうする？　寝袋ないから、いっか、ごみ袋で！」

「シオリは長靴もいる。でもどうしよう、足は靴を履くから…そうだ！手に履いていこう！」

（延々続く…）。

あーたのしそう♪
そうだ、シーちゃん、じいじに車でえひめまで送ってもらおうよ！
さんせーい!! とちゅうでおやつ、かってもらお♡
当方神奈川です
シオリ5才5ヶ月
パンパン はちきれそう♪
アカネ7才10ヶ月
そうなんです。じいじは2人の要求を断りません。決して…

「どうしよう、シーちゃん。アカネ、旅に出たくなっちゃった」

「じつはシオリも～」

「おかーちゃん、旅に出る時お弁当作ってね～」

なんて面白い！目論見は大ハズレだけど幸せな気持ちでした。

サンタさんは今年、寝袋を持ってきてくれると思います。

## 祖母のこと

祖母は百三歳、愛媛の実家で私の父母と暮らしています。高齢なので、いつ何があってもおかしくないし、ここ数年は明らかに死へと加速しています。覚悟は出来ているつもり

本名「ヨシコ」と
私が知ったのは5年前。
ヨウコ103才7ヶ月
やるなァ
ばあちゃん
あんたは
だれじゃったかいね？
くちぐせ
シオリ5才2ケ月
シオリと名コンビ～～
シオリがばあちゃんに食べさせた
グミが入れ歯にベッタリくっついて
大騒動。おやつを分け合う2人です。

でしたが、本当に「もう死ぬかも」となった時、想像以上に動揺しました。大好きな祖母のことをあれこれ思い出しました。

明治生まれの祖母は、私にとって歴史の語りべでした。政府の役人の娘として生まれ、東京で暮らした子ども時代の話は、物語のようでわくわくしました。博覧会に日参したこと、女学校がセーラー服で編み上げブーツだったこと、路面電車での通学、ツェッペリン号が飛ぶ光景、石畳の道、ガス灯、サイダーやアイスクリームの味…。体験し感じたことをいたずらっ子のような目で茶目っけたっぷりに話してくれました。本名は「ヨシコ」といいますが、ハイカラだから、という理由で「ヨウコ」と通称名を使い続けています。好奇心が旺盛で陽気、珍しいものが大好き。祖母を形容するにはこの言葉がぴったりです。

今では痴呆が進み、娘４人・孫10人・曾孫14人のことは殆ど思い出せませんし、歩行もできなくなり、生活すべてに介助が必要となりました。父母は老々介護の見本のような生活で、年に3回しか帰省しない私に、その苦労は計り知れません。

でも何というか、３人の生活に悲惨さはなく、どちらかというと明るいのです。それは祖母の気質によるところが大きいように見えるのです。関東大震災・東京大空襲を体験し、つらいことは山ほどあっただろうに、祖母は呆けた今、文句よりお礼を言います。冗談を言い、歌を歌います。できないことを嘆きません。新しいことは忘れていますが、昔のことは忘れません。

祖母を見ていて思ったのが、人生で最後まで残るのが、幼少期の幸福感だということ。その時代に身に付けた思考の方向性が、理性が利かなくなった後の言動に表れるようです。人生の最終コーナーを回った祖母が大切な教えをくれました。子どもに朗らかで幸せな幼少期を提供するのが親の最大の努めだと感じます。

## 死と出会う

末期ガンで闘病中だった私の伯母が亡くなりました。子どもたちにとって「人の死」は初体験。ほんの数日前に会って話し、笑顔で別れた伯母の死を、上手く伝える方法を思案しましたが思い浮かばず、結局子どもたちの問いに率直に答えることにしました。
2歳のシオリ、4歳のアカネ、7歳のタクミを呼び寄せて座り、深呼吸をひとつ。
「すーちゃん（伯母の愛称）がさっき死んだよ」と切り出しました。
アカネ「死んだってどういうこと？」
私「呼んでも返事しないし、もう目を開けないの」
タクミ「いなくなっちゃった？」
私「いるように見えるけど、すーちゃんの中身は天国に行ったの」
アカネ「天国で何をするの？」
私「神様と楽しく過ごすの」
アカネ「すーちゃんに会いたい（号泣）」
私「もう痛くないから良かったのよ、寂しいけど泣かなくていいよ」
タクミ「すーちゃんは痛いとこなくなって、楽しいの？」
私「長い間、痛くても頑張ったから、神様がもういいよって天国に呼んでくれたの。今はすごく楽しくて幸せよ」

納棺を見たタクミ
おかーちゃん、すーちゃんはドラキュラになっちゃうの？
とーってもしん配～
数日前にワニのドラキュラが出てくる絵本を読んだところでした。
棺＝ドラキュラのベッドなのね。

タクミ「僕たちも天国に行ったりできる？」
私「1回行くと帰ってこられないの」
アカネ「みんな絶対死ぬ？」
私「神様が呼んでくれたら、みんな必ず死んで、天国に行くの」
アカネ「天国に行ってすーちゃんとおしゃべりするの楽しみになってきた」
アカネもタクミも年齢なりに死を受容してくれたようです。シオリも難しい話題に神妙な面持ちで参加していました。話し終わると「わかった」と頷きひと言。
「か、パチンといっちょね（訳：叩いた蚊が死ぬのと一緒ね）」。
ちょっと違う気もするけど…まぁいいか。
葬儀では最後に棺の中を花で飾ります。タクミは伯母の顔をじっと見つめ頬の横に花を置いて別れました。アカネはそっと頬に触れ、その冷たさに息を呑み、無言で驚きながら別れました。シオリは棺に納めた伯母の宝物を一つ手に取り「いい？」と伯母に尋ねて、もらいました。
三人三様の方法で、伯母からの最後のプレゼント「死」を受け取りました。

第9章

# サンタクロースは本当にいる？の巻

子どもがいると
季節の行事が大切に。
その中でもクリスマスは特別です。

# 息子3歳のクリスマスの場合

　おもちゃの電話で誰かと話す息子。

「はい、はい、はい、あーはいはい。しつれいしますっ」（夫にそっくり）

「誰？」

「サンタさんだよ。もう帰ってた、よかったよ」

「どこか行ってたって？」

「うん、出張だってよ。かえってくるの、はやかったね」

「なに話してたの？」

「プレゼントたのんだんだよ」

「へー、なに頼んだの？」

「おおぎがたきかんことくるまのゲームとれいぞうことしゃだんき！」

おっと、お願いするプレゼントがまたひとつ増えているぞ？ 0歳は湿疹、1歳は水疱、2歳は高熱、でいずれもダウン。息子はクリスマスの楽しさを知りません。今年こそ！と思い、夏の終わり頃に、サンタクロースという「プレゼントを持ってきてくれるおじいさん」の話をしました。目を輝かせる彼に私は、『サンタクロースと小人たち』という絵本を読みました。その本には、サンタクロースがどんな風に暮らし、子どもたちへの贈り物を用意するのかということが描かれています。ついでに、良い子にしているとプレゼントがもらえる、ということも。以来毎日朝晩2回、その絵本を読んでいます。息子はどういう訳か「タクはね、いいこにしてるから、サンタさんはもうひとつ（！）プレゼントをくれるとおもうよ」と勝手に解釈。そして週に一度か二度、プレゼント獲得の条件を思い出しては慌てて良い子になり、その度にプレゼントが増えていくのです。

最大の問題はクリスマスがいつなのか、彼はいまひとつわかってないこと。寒い12月だよ、とカレンダーをめくって示しましたが、日付などまだピンとこない上に、気持ちが盛り上がっている息子は、少し肌寒いと「さむくなったし、きょうサンタさんくるんじゃない？」と気の早いことを言っています。

# アドベントカレンダー

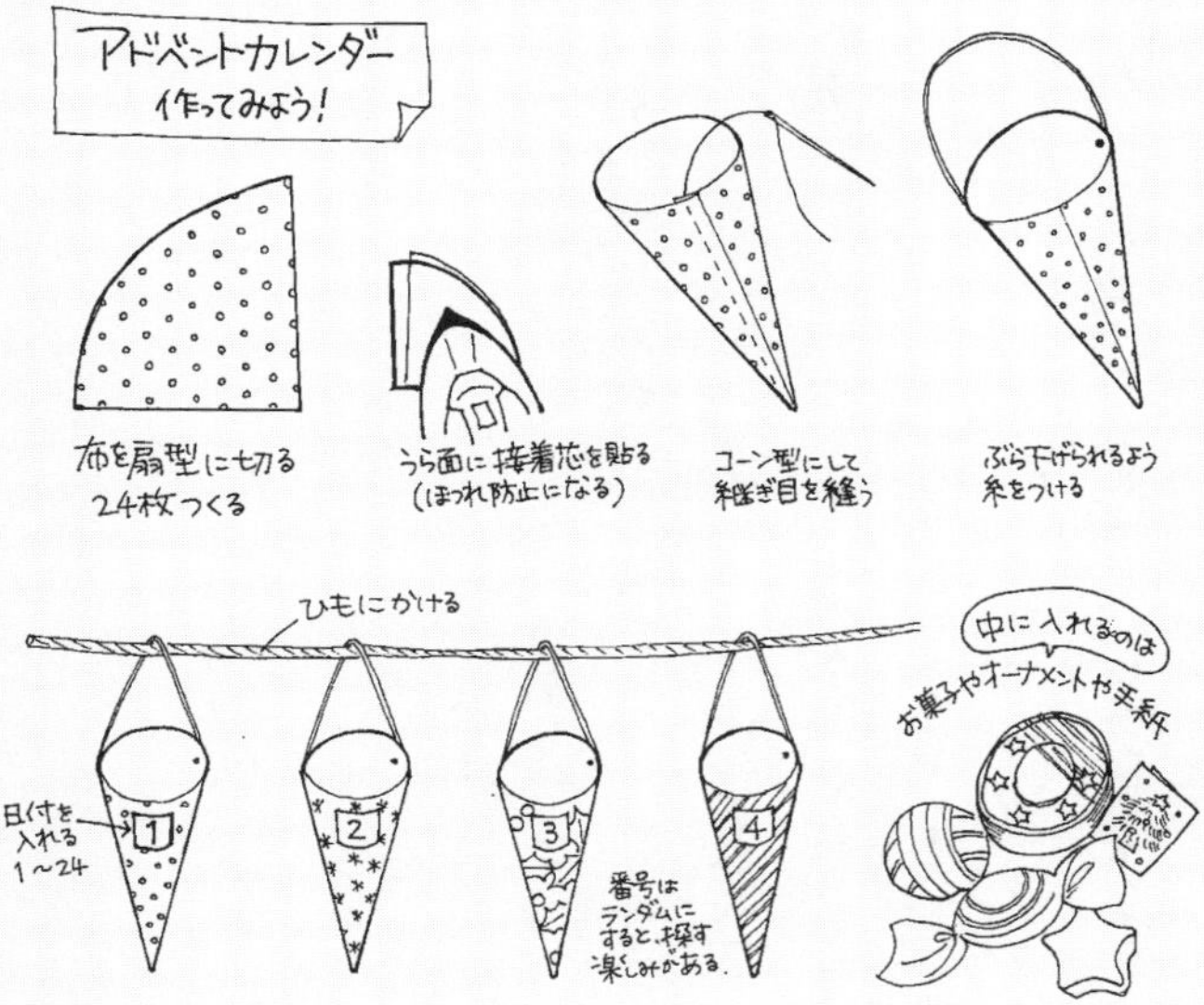


①布を扇型に裁断する(24枚)
②裁断した布の裏に接着芯を貼っていく(ほつれ防止と補強のため)
③とんがり帽子型にしてつなぎ目を手縫いする
④ぶら下げられるように糸でつける
⑤数字をスタンプしたシールを貼る(1〜24)
⑥ひもにぶら下げて飾る

中には小さなお菓子やオーナメントを入れます。大きくて入らないものはお手紙を入れておきました。「長靴の中を見てね」とか「階段の3段目にあるよ」とか「食卓の椅子の裏」など指定場所を示しそこに置いておきます。宝探しのようでこれも楽しいですよ。娘は手紙を大事に取って置いて忘れてしまうタイプだったため、3年経って持ってきたこともあります。

## 娘3歳のクリスマスの場合

「おかあちゃんっ！　こびとさんがのぞいてたっ！」

我が家では「サンタクロースと小人たち」がクリスマス絵本の定番。その中に、世界のどこに良い子がいるか、秋の終わりに調査に出掛ける小人たちが出てきます。アカネはその小人を見たのです。アカネは真っ赤な絵の具で丹念に独特な絵を描き続け、一時間後、サンタさんへの六枚の手紙が完成しました。満足げな彼女にタクミは「一人一枚しか出せないよ」とひと言。当然アカネは抵抗しますが〝みんながいっぱい出すとサンタさんが困る〟と説得され渋々承知したようです。吟味して描き直し、アカネとシオリの一枚を作りました。不思議な手紙に何が描かれているのか尋ねると「シオリはみかんとバナナ、アカネはおまめとおさかな！」。まさかの生モノです。すかさずタクミに「サンタさんが運んでいる間に腐るかもよ」と言われ、しばらく考えて「てがみ、まだださないでね」。また描き直すみたいです。

## 娘4歳のクリスマスの場合

3番目のシオリが4歳の時のこと。少し前までは、夜寝ている時にそーっと入ってくる人がどうして泥棒と違うのか理解できず怖がっていましたが、ついにサンタさんは心待ちの存在となりました。シオリは五十音表を横に置き、姉の指導を受けつつ、2時間かけて初めての文字で長い長い手紙を書きました。そしてサンタさんのプレゼントを獲得するため、急に生活態度を改め始めました。

シオリは「おかーちゃん、だれにもいわないで」という前置きが口癖となり、

「ご飯を残すけどお母ちゃんが食べて、シオリが食べたってことね」

「おしっこ、ちびっちゃったけど内緒ね」

などと様々耳打ちしてくるようになりました。ただでさえ気も力も強い末っ子。何かをやらかす頻度が高いのに、その度「それじゃサンタさん来てくれないよ」と兄姉から忠告され

るのですから、挽回するための画策も相当なものです。私はその姿に吹き出しそうになるのをこらえて「うん、わかった。誰にも言わない」と真面目な顔をします。

シオリが真剣なのには、もう一つ理由がありました。「さっきね、こびとさんがシュッってはしったの。シオリだけみた！」。これで我が家の3人は皆、小人さんの目撃者となりました。

きっとシオリは良い子リストに入っていますよ。それよりサンタさんは、リクエストが10個も書かれた難解な手紙に頭を悩ませているでしょうよ。

ちょっとしゃがんでよォ
あのさ しおりさ えっとさ…
だれにも いわないで
きいてる？ ねぇ、ねぇ
シオリ4才6ヶ月
ちょっと困ったフリして寄って来てうれしそうに話す

## 息子6歳のクリスマスの場合

小学校に行き始めたタクミは、サンタさんに関する余計な情報を仕込んできて疑心暗鬼になっていました。昨年までサンタさんへの手紙は〝お母ちゃんが預かって出しておく〟でしたが、今年はタクミが自分で出すと言います。内容は絶対に教えてくれません。私は「手紙はサンタさんのお手伝いをしている小人が、いい子がいるか調べに来た時に持って行くから外に置いておくの」と明かしました。するとタクミは無言で絵本「サンタクロースと小人たち」を長いことながめ（そんなことはどこにも書いてないのですが）勝手に納得し、「湘南は風が強いから手紙が飛ばされるかもしれない。手紙入れを作りたいから手伝って」と私の所へ戻ってきました。かくて我が家のベランダには、空き箱にペイント・キラッと光るシールなどを駆使した、サンタさん専用のド派手なポストが出現しました。

しかし小人はいつ来るかわかりません。タクミは暇さえあればポストをチェックします。もしかしたら手紙を出すのが遅かったのかも…。と落胆しかけた4日目の朝、ポストの中は3通の手紙から3つのキャンディーに変わっていました。タクミは妹2人をたたき起し、3人

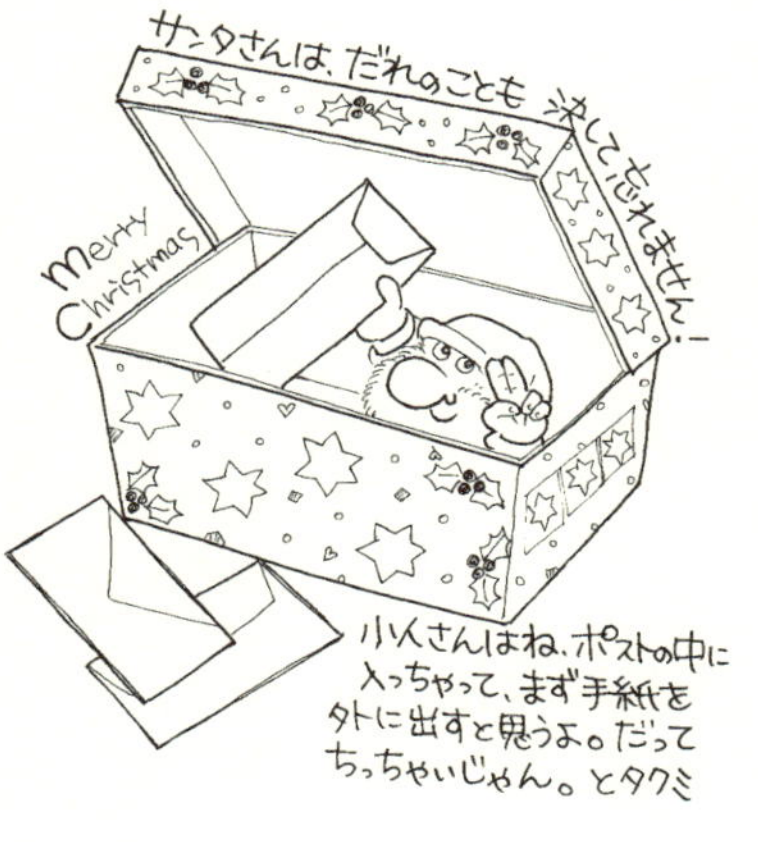
サンタさんは、だれのことも 決してわすれません！
Merry Christmas
小人さんはね、ポストの中に入っちゃって、まず手紙を外に出すと思うよ。だってちっちゃいじゃん。とタクミ

は朝6時からベランダで狂喜乱舞!

タクミは「小人さんは気が利いてる! 手紙が風に飛ばされたって僕たちが間違わないように、キャンディー入れてくれたんだよ! そういえば、昨日寝てる時にガチャって聞こえた。あの時だったのか」と勝手に回想。タクミは、しぼみかけた心の中のサンタクロースの部屋を、自力で再び膨らませました。

## 息子7歳のクリスマスの場合

2年生タクミは、案の定友だちから要らぬ情報を仕込んできました。緊張した表情で「いないの?」と聞いてきたタクミに「どう思う?」と逆に質問しました。「いると思う」と答える彼に「それでいいじゃない。信じてない子どもの所に、サンタさんは来ないと思うよ」と言いました。タクミは心底ホッとした表情で妹たちに「サンタさんはいるんだよ~」と宣言し「あたりまえじゃん」と返されていました。友達にも「僕はいると思う!」と、ご丁寧に返事したようです。

　タクミは早速、サンタさんへ手紙を書き始めました。しばらくして「値段調べて」と候補をたくさん書いた紙を持ってきました。「値段は関係ないでしょ」と言っても「いいから!」としつこいので調べて返すと、次は祖父母に、〝クリスマスプレゼントを買ってくれるか〟聞きに行きました。そして「できた!!」と封をした手紙と欲しいものリストを持ってきました。そこには値段の高い順にナンバリングされたプレゼント候補とその横にサンタさん・じいじ・ばぁば…。

と名前の振り分けがされていました。

「サンタさんには一番高いものをもらうんだ。だってお母ちゃんはお店でそんな高いのはダメっていうでしょ。サンタさんはそんなこと言わないからさ！　ばぁばは働いてないから安いのにしたよ！」

ほほぉ～。知恵がついたと言うか、俗にまみれたというか。純粋に信じる心と現実的な考えが混在した今年。タクミはまた一歩大人に近づきました。

## 息子11歳のクリスマスの場合

ハリーポッターが大好きなタクミは、本気で自分の11歳の誕生日にはホグワーツ魔法学校から入学許可証が来る、と信じて疑いませんでした。自分の誕生日には何度も郵便受けを覗き、「そうか、日本だから時間がかかるか」と勝手に納得して何日も待ち続けました。しかし届きません…。私は「ごめんね、両親ともマグルで」とベソをかくタクミに謝りました。（マグル＝人間。マグルの両親から魔法使いは生まれにくいのです）。そしてその時の様子を見て、年齢的にもサンタクロースについてもそろそろ本当のことを言う時が来た…と思いました。タクミを大人側に招き入れることを2人の妹には気づかれてはいけません。

ところが「サンタさんにお手紙を書くから、手伝ってね」と8歳アカネがやってきた時、「俺が手伝ってやるよ、俺のはもう書いたから」とタクミ。「お〜い、シオリも書こうぜ！」と3人連れ立って居間から出て行ってしまいました。え？　え？　私の大人側招き入れ大作戦は？

五年生でサンタクロースを信じているのは超少数派。子どもたちも〝サンタさんが居るか居ないか〟なんて話題にもしないらしく、低学年でのサンタ論争を乗り切った子どもは邪魔が入ることなく信じているのですって。

第10章

# 子どもの成長を感じた瞬間の巻

ふとした瞬間、
「いつの間に？」と思うほど
成長を感じることがあります。

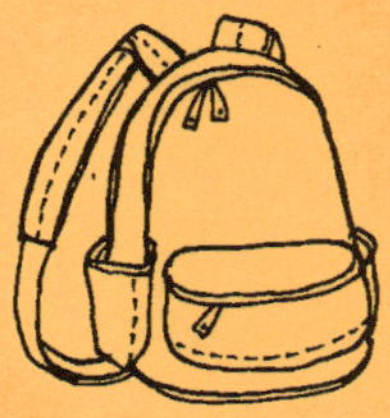

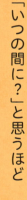

# 自分で考える

息子は「興味をそそられると、脇目もふらず、即まっしぐら！」なタクミ。おかげで彼は迷子の常習犯です。

私と息子&娘が大型ショッピングセンターへ買い物に行った時のこと、振り向くと、あーあ、タクミが忽然と消えています。やられました。あまり行かない不馴れな場所でしたので、私も少々慌てて探しましたが、いません。歩き回ること30分。あきらめて、呼び出しをしようと決めた時でした。

「お呼び出しを申し上げます……お子さまがお待ちです」と私の名を呼ぶ館内放送！　驚いて指定場所に行くと、係の人と談笑する息子がいます。

「おかあちゃんがみえなくなったもんで、タクはかんがえたんだよ。それでねレジのおばちゃんに、おかあちゃんがまいごになりました。いっしょにさがしてくださいってたのんだんだよ。おばちゃんがおかあちゃんのおなまえは？ってきくもんで、みちこさんっていったんだよー」

「考えた」ですって。ピンチの時に自分で考え、人に訊ねる力がついていたなんて。その成長ぶりに感動した私は、息子をうんと褒めました。

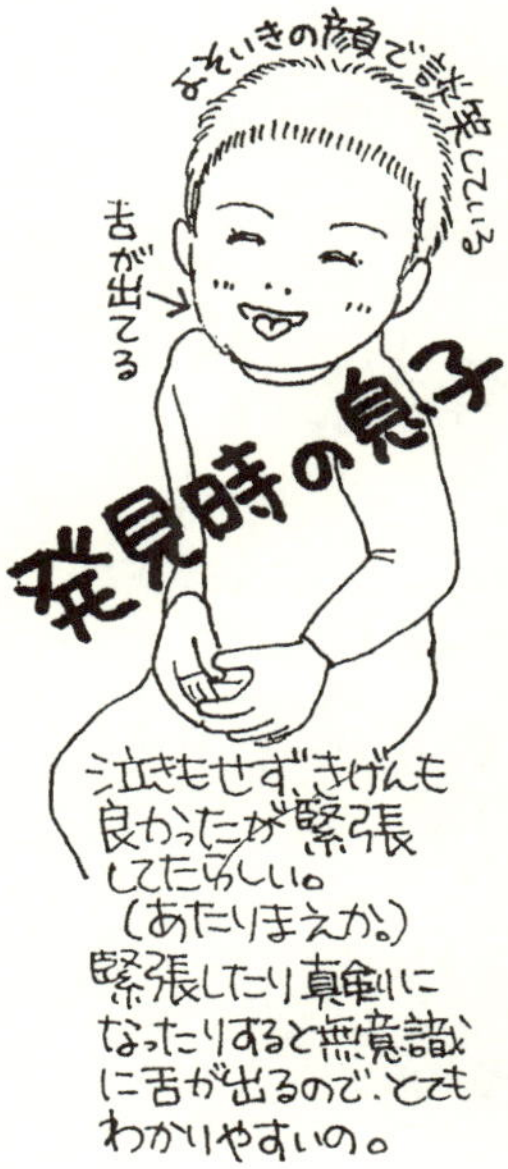
よそいきの顔で談笑している
舌が出てる
発見時の息子
泣きもせず、きげんも良かったが緊張してたらしい。（あたりまえか。）緊張したり真剣になったりすると無意識に舌が出るので、とてもわかりやすいの。

## オトコの挑戦

息子が「補助付き自転車」に乗り換えたのは、3歳になって間もない頃。最初は傾いたままでしたが、毎日乗る内にバランスを取り始め、補助輪をかなり高くしても転ばなくなりました。

息子が4歳になるとすぐ、夫は息子の自転車から補助輪を外してしまいました。小学生を見て「自分も同じように乗りたい」と言ったら、外されてしまったのです。慎重派の息子は補助輪を戻してくれるよう頼みました。が、夫は頑として譲りません。夫曰く「男は格好良くなければダメ」なのだそうで、「4歳にもなって自転車にも乗れないのは格好悪い」の一点張りです。こうして半ば強引に「補助無し自転車」への挑戦が始まりました。

初めは「足蹴り二輪車」。足で地面を蹴って進みます。邪魔なペダルがなく軽いため、バランスの練習には最適です。初めは両足蹴りでゆっくりとしか進めなかった息子も、毎日機嫌よく乗っているとすぐに上達。

3週目、いよいよ「補助なし自転車」登場。週末限定で転んでも痛くない広い芝生の上で練習となりました。すでにバランスは取れますので、漕ぎ出しさえ支えて押してやれば、後は手を放しても普通にペダルを漕いで快調にグイグイ進みますが、止

まってしまうと芝生広場の向こうから「おかあちゃーん、きてーきてー。おしてー」と声が掛かります。自分では漕ぎ出せないためです。母親である私は「すぐにできなくてもいいよ、支えてやれば」と思い、４週目もまたえっちらおっちら押しに行きます。広い芝生の上をグルグルと、楽しげに走る息子。

しかし5週目、夫が動きます。夫は「泣いてでも今覚えろ。日を延ばしても無意味だ」と言い出しました。できると確信している口調で、息子も微妙にヤル気です。ここは男同志に任せ、私は眠ってしまった娘と一緒に、駐車場の車で待つことにしました。

**（夫）**　息子は遊びたがり、一向に自転車には乗ろうとしない。そこで首根っこを掴んで今日やらなかったらもう二度と自転車の練習には来ない、と言い渡した。ふてくされながらも自分で漕ぎ出しては転びを続けて30分。その後、彼は突如「おかあちゃーん！おかあちゃあああん！」と大音響で助けを呼び始める。それでも俺が譲らないと見るや、自転車を捨て母の待つ駐車場へ逃げ出した。泣き叫ぶ大声に、よその人達も驚いて振り返るが、気にせず俺も追う。泣きじゃくる彼に、今一度落ち着いて説得する。転ばずに乗るのは無理なこと、転んでも大して痛くないこと、大きくなったら余計に乗るのが難しいこと。４歳の理解力で納得した様子。手を繋いで広場に戻り、練習再開。息子はコケて倒れて立ち上がり、俺は走って褒めて勇気づけ、それをまた30分。もう息子は鼻水も涎も涙も垂れ流し。こっちも膝がガタガタ。でも段々と成功率は上がってきて…。

**(私)** 車にこもって妄想と闘うこと1時間半、心も身体も痺れてきました。娘を起こし、急いで様子を見に戻ります。夫が示す広場の向こうを見ると…息子はキュッとブレーキを掛けて止まり、何と自分でペダルを合わせて漕ぎ出しました！ 広場を半周してきて目が合うと、「おかーちゃーん、みてみてー！」と叫びながら通過。足は傷だらけ、顔は涙と鼻水でテカテカですが、初めて見る輝くような笑顔です。

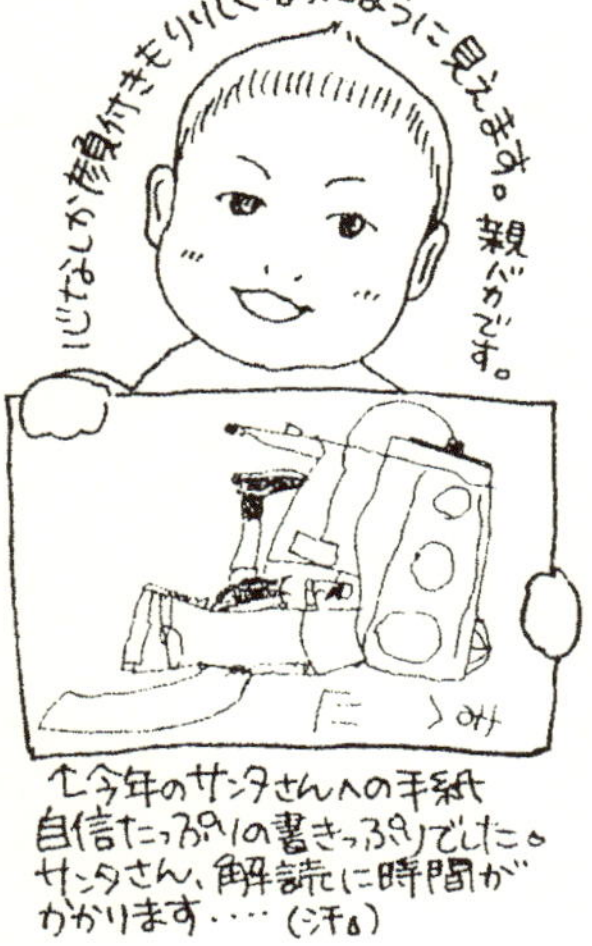
心なしか顔付きもりりしくなったように見えます。親バカです。
↑今年のサンタさんへの手紙
自信たっぷりの書きっぷりでした。
サンタさん、解読に時間がかかります‥‥（汗）

その日を境に息子は変わりました。集中力が上がり、作る物や描く絵には迫力が満ちてきました。自力で獲得した自転車が大きな自信となったようです。そしてこういった一つ一つが、人生を支えていくのですね。

## かわいいの作り方

2歳の娘、アカネはとてもこだわりが強くて激しい性格です。私は日々翻弄され、娘と同年齢の他の女の子たちは、何であんなにかわいいのか？と心底羨ましく思っていた時のこと「レッテリング」という話を聞きました。それはある実験結果でした。児童を2つのグループに分け、片方だけに「君たちはきれい好きだから」と言い続けると、何も言わずにきたもう片方のグループの子どもたちより、本当にきれい好きになるというのです。その話を聞いた時、私は希望の光を見た気がしました。これは「試す価値あり」です。

それは実験の応用で、「アカネってホントにかわいい」「アカネはなんてやさしいの」「アカネはおりこうさんねぇ」を繰り返して言うだけ。もちろん言葉にする時は本心からそう思うようにします。でもいざ口に出してみると、私は娘のことをちっとも〝やさしい〟とも〝おりこうさん〟とも思っていなかったことに気付かされ、まず愕然としました。

言葉をかけていくと、アカネの変化はすぐに始まりました。まず、待てるようになりました。乱暴が減り、こだわりが通らなくても許すことが多くなり、落ち着いてきたのです。人形を可愛がったり、自分の髪の毛を結ってくれと言ったりし、兄や父に「かわいい?」なんて感想を求めたりすることも出てきました。その度、我が家の男たちは「こんなかわいい子は見たことがない」と褒めるのですから本人も自信満々、輝く笑顔を見せ始めました。驚きです。

でも多分、このことで一番変わったのは私。私自身、アカネを待つようになり、認められるようになってきたのですから。「おかあちゃんだいじょうぶ?」と気遣ってもらい、「ありがとう、がんばるよ」とお礼が言えたりする日もあるのですよ。

私の中で娘は「やりづらい子ども」から「大好きでおもしろい娘」に変化しました。私のひねた心境は娘を遠ざけ、ひがみっぽい子どもにもしかねない危険なものでした。「親の心子知らず」はウソ。「子は親の鏡」です。

〝やさしい〟や〝かわいい〟は親子で作り上げていくものなのかもしれませんね。

# 背中は語る

背は口ほどにモノを言う!?
邪魔するな！
息子の背中からたくさんのことを学びました

引っ越し、新しい妹の出現、新しい保育園、といろいろなことを短期間に経験した私の2人の子どもたちは、その環境にたくましく順応していった訳ですが、長男タクミがとった行動はとても興味深いものでした。

新しい保育園に通い始めて間もなく、タクミは家族に背を向け1人で遊ぶようになりました。やっているのは、積み木を積んだり、構成玩具で細かい遊びをしたり、絵を描いたり。いつもと変わりない遊びです。

でも毎日毎日、帰ってから1人隅っこに向かって遊ぶ姿はちょっと異様な感じでした。そんな様子を目の当たりにした私は、胃が痛むほど心配で、保育園で仲間に入れてないんじゃないか？　まさかイジメ？　などと、あれこれ詮索するようになりました。

気にする余り、保育園の感想を毎日タクミに尋ねました。返事が曖昧だと質問を変えてまでもしつこく尋ね、彼に付いて回りました。何もかも知っておきたかったのです。

何日かするとタクミは私に言いました。

「おかあちゃんうるさい！　しずかにしてて。タクはかんがえてるんやからな！」。

がーん。お母ちゃんが守ってやるつもりだったのに……。が、そう言われたので私は渋々、黙ってタクミの様子を見てみることにしたのです。

最初、タクミはひたすら同じ遊びをしているように見えましたが、しばらく静かにしていると、小さい声でしゃべっているのが聞こえました。保育園を舞台にした、ごっこ遊びをしているのです。どうやら、したかったのに保育園ではできなかったこと、言いたかったのに言えなかったことを、もう一度やり直しているようなのです。覚えたて

## おすすめの本

**子どもが孤独でいる時間**

**リーズ・ボールディング著　松岡享子訳　（福音館書店）**

著者は“孤独の果実”と言っていますが、幼児は一人でいるときに成長し、自分が何者か知り、受け入れる力をもつけるということ、集団生活をすることが美徳とされるが大人の都合ではないか？と提起し、考えるヒントをくれました。

のクラスメートの名前を何度も繰り返し口に出していることもありました。タクミは昼間取り込んだたくさんの情報を、1人になって吟味し、自分のものにしてから吸収していたのです。彼は私が思うよりもはるかに成長していました。

## お母ちゃん入院

私が盲腸で入院・手術した時のこと。急性ではないのですが3回も発症してしまったので、切除する事にしたのです。薬で炎症を抑えながら、手術日を決めます。子どもたちの行事や夫の休暇取得の兼ね合いを考えて、10月、タクミの運動会とアカネの運動会の間に決行することになりました。といっても、入院の次の日に手術で3日目に退院のたった4泊ですが子どもたちにとっては初めての母不在。試練です。

アカネは入院当日、病棟で別れる時に絶叫し、ナースステーションを驚かせました。次の面会時「泣いちゃってゴメンね」とはにかみました。そして前回は訳が分からず平気だったシオリが今回大泣きするのを見て、目にいっぱい涙をためながらも、慰め抱きしめて帰りました。シオリは家では一度も「おかあちゃん」と言わなかったのですが、かわりに毎回お漏らしだったようです。学校や習い事で入院中一度も会わなかったタクミは、退院の日に全力疾走で帰宅し、「いやっほぅ！おかあちゃんが帰ってきたぁ！」と叫び、ぎゅぅっと抱きしめてくれました。夫は、初日に大鍋一杯にカレーを作り、4日間全食乗り切ったそう（苦笑）。アカネの幼稚園のお弁当も毎日ホットドッグだったんですって。見かねた同居の義母が他のおかずを作ってくれたようです。

子どもたちに「お一人様楽しかった？」と聞かれた私。日頃、「一人で喫茶店に行きたーい」が口癖なんですけど…。一人は暇でした。本もすぐ終わっちゃうし、テレビもつまんないし、ご飯もシャワーもあっという間。邪魔されるのに慣れちゃって、その中で時間をやりくりしてするのに達成感を感じるようになったみたいです。子どもたちは、私がいない間に〝自分のことは自分でしよう〟とする成長を見せてくれました。子どもたちと再会した私は心底「かわいい」と思うことができました。たまの不在はいいものなのかも。

# かわいい子には旅をさせろ（息子編）

一年生タクミは親友のハルくんと2人でスイミングスクールに通っています。最初は私も付き添っていましたが、すぐに煙たがられるようになり、2人で行きたいと言い始めました。そこで2人だけで電車に乗って通うことにしたのです。電車といっても乗車はひと駅、たったの2分。行きは来た電車に乗ればいいので楽勝です。問題は帰り。複数あるホームと電車から正しいものを選ばなければいけません。間違うと東京に行ってしまうので要注意です。

ウキウキだけど緊張して始めた電車通いですが、覚えたことを忠実に繰り返したのはひと月だけ。切符を買うのにも駅から歩く5分の道にも慣れた頃にやっぱり間違いました。東京行きの快速電車に2人して乗っちゃったのです。タクミの報告そのままに言うとこうです。

「電車が動き出して、すぐにヤバい！って間違ったことに気付いたんだけど、どんどん駅をとばしちゃうから焦ったよ～。もうお母ちゃんに会えないかもってちょっと涙が出そうになったけど、ハルくんと『2人で頑張ろう』って手をつないで、最初に止まった駅で降りたんだ。改札に行って『電車を間違いました。どうしたらいいですか？』って2人で『せ～の』で聞いたんだよ。そしたら駅員さんが教えてくれてね、その電車で帰ってきたんだ。そういう訳だからこんなに遅くなっちゃったんだ。でも、なんとかなったよ！心配した？」

ええ、心配しましたとも。色々良くないことを考えてウロウロしましたって。でも2人で力を合わせてしたのは最善の対処。感動です。そして大冒険を経験したタクミは、心なしかキリっとして…（親の欲目？）。

次の日、タクミと電車の乗り方をおさらいし、間違っても慌てないこと、どうすれば良いか尋ねること、家に一報入れることを約束して電話代を渡しました。数日後、タクミは財布をなくし、半ベソで帰宅しました。かわいい子にさせる旅に、「（ため息）なんでそうなの？」は禁句です。笑顔・辛抱・平常心・根気！今は、財布をなくした時の手順を特訓中です。

ある日のタク!!!
ただいま～♡
なぜ、くつ下片方なの？
スイミング後、着替えてたら、くつ下が片方しか見付からなかったらしい。
「もう1コもなくなるとダメだから はいておいた！」って…
そのまま電車は恥ずかしいだろ？
こまかいことはぜ～んぜん気にしないタクミ。頼む！気にしてくれぇ！

# かわいい子には旅をさせろ（娘編）

兄タクミが母抜きで電車に乗って習い事に通う姿に、刺激された妹アカネとシオリ。1人で出掛けたいだのなんのって、しつこいんです。仕方なくアカネだけに近所の雑貨店で、翌日タクミが学校で使う〝防水スプレー〟の買い物を頼みました。大喜びのアカネは、〝ぼすいすふれ〟とクレヨンで書いた『買い物メモ』、5回も折った千円札を入れたガマ口財布、チリ紙・ハンカチをかばんに入れ、帽子をかぶって準備を整えると当然のように「シーちゃんいくよ」と声をかけました（ウソでしょ!?）。

私と2人で外出した時のシオリといえば、つないだ手を振りほどき、急発進・急停車・蛇行と暴走車さながら、走りっぱなしのあげくに迷子、という状態。雑貨店までは子どもの足でも5分程ですが、車が多く信号機がない交差点の横断があります。どう考えても危険！

私は猛反対しましたが、アカネはあっさり「大丈夫。ねー、シーちゃん」と言い、シオリも

「ねー、アカネ」です。結託した2人に私が勝てるはずもなく、4歳と2歳ははじめてのおつかいです。シオリに「アカネの手を離さない」と復唱させ送り出しました。数分後、気が気じゃない私も出発、電柱に隠れながらついて行きました。

2人は行く道で出会うご近所さんに、何故2人だけか、どこへ行くか、をいちいち説明するので亀の歩みです。ご近所さんは隠れる私に気付き「お利口ね、気をつけて」と2人と別れ、私には笑って目配せして下さいました。問題の交差点も1分以上首を左右に振って確認し、横断。「スプレーくださ〜い！」と叫びながら店に入って行きました。そして品切れだったにも関わらず、2人は店主さんにおつかいだと説明をし、ご褒美のおやつをいただき、大満足で無事帰宅しました（やるもんだわ！）。

シオリは計5回も転びましたが、泣きもせずアカネの手をしっかり握って歩きました。後日店主さんは、何のスプレーか忘

れていたけれど、アカネちゃんの買い物メモが役に立った、と教えて下さいました。

私は、外に出て他人と係わることの大切さを再認識しました。何より見守り隊のご近所に大感謝！２人の買物熱は全く冷めません…。

## ポイント導入

子どものお小遣いをどうするか、一番上のタクミが小学生に上がった時に考え始め、まわりでは学年×百円〟や〝年齢×百円〟が多かったので、真似して月額百円で始めましたが、渡すと即使ってしまい、「計画して」や「貯めて」を体験してほしいのに上手くいきませんでした。

そこで方法を変え試したのが「アルバイト制」です。毎月決まった額を無条件に渡すのではなく、働きに応じて対価を渡します。お風呂洗い20円、玄関掃除10円、掃除機かけ20円と

いった感じ。予想以上に盛り上がり、貯めることを始めたので手応えを感じました。

しかし、人気のお手伝いを誰がするかで兄妹3人の喧嘩が頻発し、「これやったら、いくらくれる?」と全てが金勘定になり、いやらしくなってきたので一旦休止しました。

そして今回、起死回生を狙って始めたのが「ポイント制」です。お手伝い等をしたら「いいことポイント」が発生するというものです。1ポイントは1スタンプになり、表にスタンプを押していきます。これなら4歳のシオリも参加できます。三年生のタクミには幼稚か?と思いましたが、スタンプを貯める所にグッときたらしく、乗ってきました。ついでに率先してお手伝いをした場合はボーナスポイント進呈にしました。貯まったポイントは10個50円で買い取りすることにしました。貯めるも良し、換金するも良しです。ただし換金は、お小遣い帳の収支と残金が合っていることが必須となります。

自薦・他薦を問わず「いいこと」を聞いていると、実に面白い。それも?ということが多いのなんの!大人には何でもないことも、子どもにとってはいいことなんだ、と気付かされました。いいことだらけの毎日はちょっと幸せです。

私は、「悪いことポイント」も同時に導入して、いいことポイント失効、というシステムも考えたけどやめました。これこそ快挙でしょ？　でもね、子どもの一日がいいことばかりで構成されていると気付いた今、換金率が高すぎた、と後悔もしています。

## 一緒に走りたいから

四年生タクミが兄のように慕う従兄弟のカイは中学生。カイは陸上部に入部し、短距離の選手になりました。住まいが離れているため、二人が会うのは長期休みだけ、年に３〜４回です。ですから一緒に過ごす日々、タクミは片時もカイから離れたくありません。とはいえ、夏休みに会ったカイは、毎日部活動に出かけ朝夕近所を走りトレーニングするという生活で、それまでとはがらりと様子が変わっていました。タクミは待つことが多くなりましたが、それでもカイから離れず、その生

活を間近で共にしていました。

さて10月、小学校は運動会です。運動が苦手なうえに競争心もないタクミとって、毎年の運動会はちょっと億劫な行事でした。でも今年は違いました。毎年ビリを争う遅さの徒競走で、なんと4位！　綱引きも踊りも驚くほど積極的で、親バカな私は少し泣いたくらいです。

運動会後、タクミは走って帰ってきました。駆け足での移動なんて、これまでの彼にはありえない行動で、私は驚きを隠せませんでした。驚くことは続き、その後も移動の時は、自転車を使わず走るようになり、踏切や赤信号も足踏みしたまま待ち、走るようになりました。すぐに自転車で走る私を置いていくまでになりました。

タクミの苦手意識を変えたのはカイです。暑い日に、さらっと走りに出かけるカイが格好良くて「一緒に走りたいと思った」とタクミ。走りについてカイから何かアドバイスを受けたわけではなく、タクミはただ見ていただけ。物言わず努力するカイの姿が、タクミの心に響いたようです。そして奇跡の4位をきっかけに『僕も走れるかも』に変わり、『速く走りたい』に繋がったようです。それまで5歳の妹シオリにも抜かされ、シオリがあれこれ走り方を伝授するのに腹を立て、ますます走るのが嫌いになっていたタクミが、一瞬で変わりました。

# 第11章

# うちの子、変わってる？の巻

他の子と比べちゃいけないけど、
ウチの子たちは個性的だと
思うことありませんか？

# 謎のこだわりが現れる

男の子って「なんで？」と理解できない行動が大部分。動きは早いし、荒っぽい。長靴は中から濡れる。傘はささないのに破れる。ポケットにはいつも石とゴミが詰まってる。走りだしたら止まらない…と息つく暇もないくらい。でも思考はいたって単純、体当たりでのお付き合いが可能です。

次は女の子。「女の子は育てやすい」とよく聞き安心しました。確かに最初は良かったんです。ゆっくり動いてくれるし、ちょっと立ち止まって考えたりします。だから私、同性だから気持ちを理解しやすいわ、と勘違いしてしまったのです。それが大誤算。アカネが1歳を迎え、足もお口も達者になってきた頃。彼女の「こだわりは譲らない」が現れ始めたのです。

それは朝から始まります。こだわりの向きにかかった布団でないと目覚めは不機嫌。食事

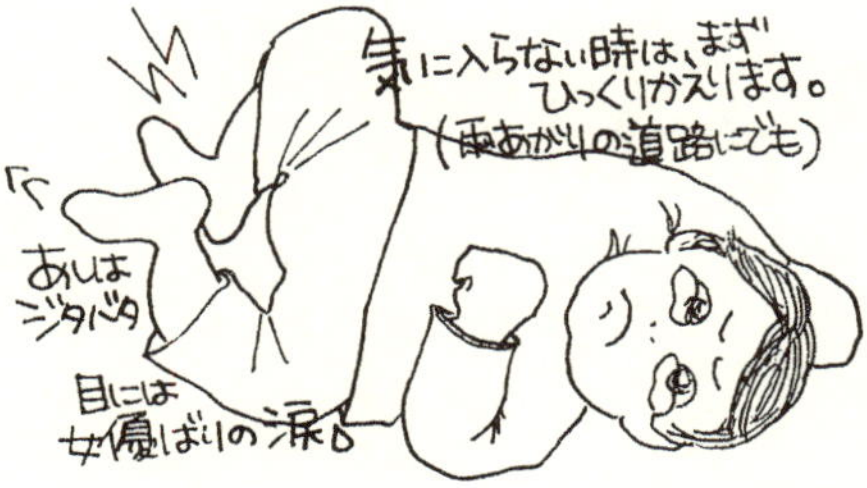

気に入らない時は、まず
ひっくりかえります。
(雨あがりの道路にでも)
あしは
ジタバタ
目には
女優ばりの涙。

はこだわりの順序でしか食べません。着替えは服の好みと私の介助の順序が合わなければやり直し。車の乗り降りに手を貸すとダメ。お風呂でもこだわりの順番でないと洗わせてくれませんし、私が歯ブラシを渡す順番を間違えると磨きません。それらはいつも同じではなく、彼女の気分による『本日のこだわり』ですから、お手上げです。そして自分のこだわりが通らないと号泣&大暴れ。回復に相当の時間がかかります。我が家は毎日、災害にあったような騒ぎです。

2歳になった彼女のこだわりはパジャマのズボン。前にウサギとパンダがついてないとダメ。私は油性ペンでウサギとパンダを描きまくりです。

## 実録『おでかけのまえに』

筒井頼子・林明子さんペア作に「おでかけのまえに」という絵本があります。ピクニックの準備中、待ちきれない女の子がいろいろやらかしてしまう、という何ともほほえましいお話で、私は大好きでした。でもまさか自分の家で同じようなことが起こるとは…。

我が家は、休みの日には大体いつも、パワーを持て余す子どもたちの体力消費のために公園に出かけます。その時、おむすびを持っていくことにしているのですが、毎回「準備するのをやめようか」と思う事態になります。原因は、2歳の娘アカネです。とにかくアカネは、家事に参加するのが大好きなのです。

お手伝い中!!
目はキラキラ
ごはんは全身くまなく…
自由な発想は、こういうところから育つのかしら?
もしかして花嫁修業か!?

まず、水道の前を陣取り、「アカネがする」と洗い物を始め水浸し。その隙をついて私はごはんをボウルに入れ、冷ましたり混ぜご飯にしたりします。気付かれると「アカネが！」としゃもじを掴み、何でもおかまいなく混ぜてくれます。しゃもじのご飯は味見で口と手とにべったり、その前にしていた洗い物の名残の水っぽい手（石鹸がついてなければラッキー）と合わさって糊になって服についてしまいます。着ていた洋服は再起不能ですので着替えます。足でアカネをガードしながら仕上げたおむすびも、アカネの毒牙にかかります。食べやすいように（？）フォークをさしてくれたり、独創的な盛り付けが瞬時に出現。たとえ気付かれず、庭で遊んでいてくれ、中の支度はうまくいったとしても、庭には洗濯物があります。アカネは手を伸ばし、引っ張って、洗濯ものの干し直しを試みます。その泥だらけの手で…。

おでかけの前は息つく暇がありません。

## 娘よ〜っ

『男の子は何でできてるの？　カエル　カタツムリ　小犬の尻尾　そんなこんなでできてるさ。女の子は何でできてるの？　砂糖　スパイス　素敵な何か　そんなこんなでできてるわ。』女の子が生まれた時、私が真っ先に思い出したマザーグースの歌（谷川俊太郎訳）です。女の子って素敵な何かになるんだわ、と胸が躍りました。

でもすぐに、それが妄想だと気付きました。2人目アカネは好奇心が服を着ているような女の子です。興味を持つと到底我慢できず、吸い込まれるように自分の世界に入り込み、外界を遮断してしまいます。そして手で感じ取ることに執着する彼女は、対象物を遠慮なく触るのです。ケーキ屋に行けばガラスケースに張り付き、ケーキを物色しながら冷たいガラスの感触を楽しみます（時々舐めてます…）。ガラスケースは恥ずかしいほどにアカネの手形と顔形がベッタリ。それをひっぺがして帰ります。パン屋は入店する前に「絶対に触らない」と約束していても、入るやいなや約束は吹っ飛び、きれいなパンをペタっと触ってうっとり。「触るの禁止」と催告すると、今度は指先でツンツンつついてます。「つつくのも禁止」と言うと、パンにくっつきそうなくらい顔を近づけクンクンと嗅ぎ…。触ったパン、つついたパン、鼻がくっついたパンで、買い物はいつも三千円超え（涙）で、蝶のように店内を舞うアカネを引きずって帰ります。指が入らない扇風機に箸を突っ込んでみる、壁に糊を塗って手をくっつけてみる、指を全部一緒に絆創膏で留めてみる、皿代わりに手でプリンを受けてみる、カレーライスでおにぎりを…。アカネにとって世界は触りたい物だらけ！そんなアカネも4歳半になると、何と少しだけ落ち着いてきたのです！

しかし胸を撫で下ろすも束の間、見ればスーパーの売り場で袋をかたっぱしから開封するシオリの姿…。アカネの精神は妹がしっかりと受け継いだようです。

## なぜ？ なに？ どうして？

「はる・なつ・あき・ふゆってどういうふうにきまるの？」

ある日、5歳のタクミに質問され私は答えに詰まりました。他にもあります。

「飛行船はどうやって飛ぶの？」

「電波時計の電波はどこを飛んでくるの？」

「静電気ってなに？ いつできる？」

スペースシャトルからの
地球の映像を
見た タクミの一言。
「おかーちゃん、
地軸はどこ？」
棒がささってると
思っていた
らしいデス。
タクミ5才
虫めがねで
じっくりながめる
のが彼のスタイル

色々と興味を持ち始めた息子の質問は高度になり、私はしばしば窮地に立たされます。

3歳のアカネからも毎日質問攻め。こちらは逆に「そんなのもわかってなかった?」ということがです。先日も危険なことをしたアカネを叱り「やらないって約束守ってね」と念を押したのですが、しばらくして「おかあちゃん、わからへんことがある」と来たので何か尋ねると「やくそく、っていうのと、まもってね、っていうのがわからへん」ですって。これまでにかわした数々の約束が無効だったことに気付きました。脱力~。

そういえば、アカネはこれまでも叱られた時「おわった?」と訊いてきていたことを思い出しました。タクミの時も同じだったかも。言語獲得中の子どもには意味が通る叱り方をしないと、親の自己満足しか残らないってことが、私も2人目にしてようやく解ったわけです。

で、タクミの問いについては夫に預けました。夫はタクミに地球儀を買い、地軸を教え、四季が生まれることを何度も繰り返していました。それからは母では埒があかない質問は父にするようになりました。父の株は急上昇です。

私はといえば、予測不能な子どもたちの質問・奇問に対応し、失墜しかけた母の威厳を取り戻すべく、「文系だから」との理由でパスしていた苦手ジャンルに着手し始めました。

# 人は見かけじゃ分からない

「アカネっておとこのこ？　おんなのこ？」

　２歳半の娘アカネにこう聞かれたとき、私はたじろぎました。

「どっちだと思う？」と尋ねると、ちょっと考えて彼女が出した答えは、「おとこのこ」です。理由は「だってアカネってかわいくてかっこいいもん」だそう。これは大変です。が、２歳の子どもにどう言えば良いか分からなかったので、「チンチンがあるのが男の子で、ないのが女の子よ」と事実を説明しました。

　すると納得した様子。試しに「お母ちゃんはどっち？」と尋ねると、「チンチンないからおんなのこ！」と元気な答えが返ってきました。その後も、お父ちゃんは？　ばぁばは？　じぃ

じは？ の問いに正解が続きましたので、ひとまず安心したわけです。

しかし、しばらくすると「アカネのチンチンは、いつはえてくるの？」と聞いてくるじゃありませんか。私は大慌てで、チンチンは後から生えるものではなくて、性別は誕生した時から変わらないことを懸命に説明しました。が、これには納得がいかないらしく、「ぜったいきまってる？」と怪訝そうです。

私が保育園の友達の名前を出し、「男の子と女の子どっちだ？」と次々彼女に問うと、全問正解（なーんだ、わかってるじゃない）とホッとしつつも、保育士さんの性別を問うと「わからん」の一言。私、ひっくり返るところでした。

気を取り直し「なんで分からないの？」と尋ねると、「だってせんせいにチンチンがついてるか、みたことないもん」ですって…。ごもっとも。

〝人を見かけで判断しない〟と常々言っている私、今さら「顔見たらわかるやろ」とは言えません。ピンチです。

中学生になったアカネ、「フサフサの尻尾が欲しい」と言い始め、毎夜、尾てい骨のあたりを撫で回し、「生えないかなぁ。」と呟いています。生えるといいねぇ（汗）

# ちいさいシオリちゃん

我が家の子ども達に大人気の本に「ちいさいロッタちゃん」というのがあります。３人兄妹の末っ子ロッタちゃんの日常が描かれていて、とにかく生意気で口達者でハチャメチャな行動が我が家の兄姉に大うけです。何故って末っ子のシオリにすごく重なるから。

歯医者で口を開けないロッタちゃんと同じで口を開けないシオリ（３度受診を試見たけど全敗。医師が口のそばに手を持って行くと「ちゃわらないで!!」と噛みつく始末です）

雨の日には堆肥の上に立って植物のように早く大きくなりたいと雨に打たれるロッタちゃん。庭で足を土に埋めて「あち（足）からもおみずのむのよ」とホースで水を浴びるシオリ。

掃除をするためにバケツの水を床にぶちまけたロッタちゃん。靴下を履いた足をバケツに入れ、水が滴る両足で「おちょうじ（掃除）ちてる」シオリ。

列車の窓にサラミソーセージを貼りつけるロッタちゃん。車の窓におにぎりの海苔と昆布を貼りつけ、「これはね、ちーる（シール）なのよ」と言い張るシオリ。

我が家の姉アカネはしばらくすると〝きかんぼのかわいいシオリちゃん〟という絵本を作りました。シオリが悪事を働くと、鋭い観察眼で書いた新しいページが追加されていく大作です。私はこの中のシオリには笑っちゃうのです。シオリのやんちゃな行動も、客観的には笑い話。わかったとしても一歩引けないのが育児中の余裕のなさです。ロッタちゃんのママが言った印象的な一言が「この子たちを見はっているよりも、はなしがいにした、うしの子の番をしてるほうが、ずっとらくだ」。私、諸手を挙げて同感しまーす。

お絵描き中!!
だが いつも 床にも…
クレヨンならまだいいんです。消せるから…。
油性ペンもしばしば。
じょうずでちょ♡
アクマのほほえみ…
今は丸を描くのがすき
シオリ3才0ヶ月
紙の大きさは関係なく
いつでもはみだすのよー

# 虫愛でる姫君

5歳のアカネは、小さい頃から虫が大好きです。3歳の頃は蟻に話しかけ、ゴキブリを飼いたいと言いました。私は虫などが苦手で、いつも鳥肌モノでしたが、嬉しそうに地面に這いつくばるアカネを見ながら、諦めることを覚えました。

幼稚園に行き始めると、徒歩での登園道中がアカネのパラダイスになりました。家を出ると蟻の行列を眺めるアカネを急きたてて歩きますが、蝶が飛んでいれば園帽子を網代わりにどこまでも追いかけて行ってしまいます。本来5分程の距離に20分…です。

その甲斐あってか、素手での虫取りがうまくなったアカネ。幼稚園でも虫を追いかけているようで、「お土産♪」と持ち帰るのです。幼稚園のダンゴ虫は全部我が家に来ただろうと思うくらい来る日も来る日もお土産でした（涙）。反対に庭で捕まえたカナヘビは幼稚園へ。園庭ではカナちゃん（アカネ命名）の尻尾を持って「おさんぽー」と歩かせていたところ、尻尾が切れて逃げたそう。家の玄関周りは、飼育ケース、蓋に空気穴をあけた瓶がいっぱい。全部虫入りです。瓶入りカタツムリのカタちゃんは愛するあまり自分の枕元に置いたり、アゲハ蝶の幼虫をベッドの下に隠したり…（見事なクロアゲハになりました）。ペット（？）候補は外に無限にいますので、放す私と捕まえるアカネのいたちごっこです。

そうこうしているうちに、私まで観察する癖がつき、〝虫って美しいかも〟と思ってしまい、綺麗な虫がいると急いでアカネを呼んだり、昆虫展へ行ったり、蟻の行列を眺めたり、と娘に洗脳されてしまいました。ちなみに、兄タクミは水生生物オタク、妹シオリは石っころ収集家です。

ねえ おかーちゃん アカネのかおに カタちゃんのせていい!?
「レタスが好き」とカタちゃんから聞いたアカネ。
レタスがないと怒ります。
アカネ5才
目はキラッキラ☆
何て返事すりゃいいんだ？ ダメって言っていいの？
顔にのせるとかゆくなるそうです。
こっそりやったみたい。

# 家庭学習の葛藤

小学二年生になったタクミは、驚異のマイペース君です。一年生の時も「自分のペースを守りますね」とプラス（？）の評価をいただき、読み書き計算をゆーっくりやってきました。一年生は速さよりも正確さ重視ですが、二年生になるとスピードが要求されます。

二年生初めての参観日、教室には子どもたちの自己紹介文が展示され、そこには各々の目標が書かれていました。皆〝サッカーがうまくなる〟〝泳げるようになる〟等とヤル気みなぎる中、タクミは「あそびをがんばるぞ！」だそう。一学期末面談で担任の言葉は「タクミ君はできるのに、とにかく休憩が多くて遅い」でした。休憩って何？？

先生から指摘されたタクミの遅さは、宿題で判明しました。二桁のひっ算で一から十の位に移る時、信じ難いほど時間がかかるので、

「何考えてる？」と尋ねると「ブロックの設計図！」と元気よく答えるのです。

「え!? 一問目と二問目の間は?」

「ブロックの設計図!」

「字を書いてる時は?」

「ブロックの設計図!」

「そのブロックの設計図が完成したら?」

「完成した物の改良!」

「何も考えない時ってあるの?」

「ないよ。いつも面白いことを考えてるんだもん」

「計算する時くらい考えなくてもいいでしょ?」

「何で?その時にいいこと思いつくかもしれないし」

「でも一の位と十の位の間くらいはやめなよ」

「無理。頭の中は設計図が一杯で計算の隙間はない感じ」


…あっそ〜。担任の言う〝休憩〟が実はタクミのメインで、学校の授業や宿題はその合間にすることになっているようです。「遊びなくして育ちはない」が我が家の方針。でも「や

ることはやる」と教えてきたつもり、ですが…。「勉強やテストは、タクミがやりたいことのためにそのうち役立つ。わかっているのに時間切れで書けないのは勿体ない。その間は集中しよう」と懇懇と諭し、家庭では予習や復習はそっちのけ、一問解く時間は他のことを考えない練習をしています。

でも本当にこれで良いのか？　タクミの人生を考えると、設計図を考える世界を優先した方が良いのかも…という疑問が湧いてくるのも確かです。タクミのパラレルワールドへの私の葛藤は今後もずっと続きます。

## 普通ってなんだ？

長男タクミは小学三年生になりました。担任は大学卒業したての初々しい女性です。これまで二年間はどちらもベテラン担任だったので、タクミは若い先生に大喜びです。

つい先日が家庭訪問でした。開口一番は「タクミ君は、超に超がつくほどマイペースで個性的ですね」。今年も言われました。しかも去年より「超」が一個増えたぁ…。担任曰く、友だちの行動にも興味がないと一切無関心。授業中には違う世界に行ってしまい、声をかけても戻って来にくい、とのこと。「もう少し授業に集中して、普通にノートもとってほしいんです。ご家庭でもお話し下さい」と、困り顔で話す担任に私は「すみません」を連発しました。タクミの長所「個性的」が短所に思え、申し訳ない気持ちにさえなりました。

夕方帰宅したタクミに「学校楽しい?」と尋ねると「勉強も休み時間もすごく楽しいよ!給食旨いし!」と元気いっぱいの答え。昼間、言われたことを伝えようと思っていましたが、飲み込みました。私は「先生の言うことを優先して」と言うつもりでした。告げれば多分タクミはそうするでしょう。でも空想の世界はどうなるのさ?

これでも私は〝良い母親〟に憧れています。しかし目指して頑張ると小言と指示だけの毎日になり、すごく疲れるし、全く楽しくない。それを見た友人たちは「変わり者の親がどうやってタクミを普通にするの?」と笑います。小学校入学後は、タクミの個性や性格とぶつかり、家庭学習方法でも葛藤し続けています。が、やっと最近、タクミのユニークな感性を見守りたい、と思うようになりました。ですから、彼の豊かな空想の世界が、学校ごときで失われるのは勿体ない！　現実と自由に往復できるのは今だけだし、勉強のほうが面白くなればシフトするだろう、と思うことにしました。

先生。あの時は謝ったけど、うちは〝超超個性的〟上等！で行きます。そのかわり、授業の復習は家でやりますので。

# 寄り道女王

一年生になった2番目アカネを形容するなら『糸の切れた凧』です。「学校に行くようになる＝親無しで行動して良い」と拡大解釈した様子で、ちっとも帰ってきません。学校から知らされている下校時間から一時間半後に帰宅（通学路だと子どもの足でも10分足らずなのに）です。心配になり捜し回りお友達の家々を尋ね歩いたことも一度や二度ではありません。帰宅したアカネを叱りとばしたこともあります。でも効果なし。

そんな私の状況を知るママ友たちが、下校途中のアカネを見かけるとメールをくれるようになりました。「タンポポの綿毛を吹いてまーす♡」「家までの水たまり全部に入るって♪今三つ目らしい」「カタツムリをいっぱい持ってるぅ」…。

ある日「アカネが梅の実を取っている」とメールを受け取り、現場に急行すると、知らないお宅の庭先にしゃがみ込むアカネを発見しました。アカネは「おうちの人に聞いたら〝枝についている実を採ってはダメ。でも落ちたのはいいよ。〟と言ってもらった。風が吹いて実が落ちるのを待つからまだ帰れない」と言うのです。ポケットがいっぱいになるまで風を待つのですから帰ってくるはずありません。それが毎日です。最後にはその家の方が、もいだ実を袋いっぱい下さいました。タケノコ掘りというのもありました。賃貸駐車場と家の境目からなくなるまで毎日、細いタケノコのお持ち帰りが続きました。羽が折れた蝶がアジサイの花の上にいるのを見つけた日、アカネはその蝶と帰るためにアジサイのお宅に了承をとり、一枝頂いてきました。

　アカネのお土産からは季節が感じてられ、魅力的です。しかも道中、いちいち家人の了承を取っているので、あらゆる道筋に「年上のお友達」がいて驚きます。この成果は通学路よりむしろ安全？と思うと、「寄り道してない。立ったり座ったり、待ったりしてるだけ」と言い切るアカネに反論する気もなくなりました……。

見つけたアカネは
だいたいいつもこの姿勢
アカネ6才4ケ月
顔は上を向いたり、下を向いたりしてるけど、しゃがみこんで何かしてるのー♪ ポケットはいつもパンパン。生きものも入ってます。

## 拾ってきたもので作ったレシピ

### 梅シロップ

［材　料］ 梅（青梅でも完熟梅でも）
甘み（氷砂糖・蜂蜜・砂糖なんでも） 1:1で用意
酢を入れる場合は梅の重さの10～20%（お好みで）

［準　備］ 梅を綺麗に洗い、水気を切り、ヘタを取る
（冷凍する場合もここまではやっておく）

［作り方］ ①青梅を使う場合は1～2時間水に浸けアク抜きをする
②消毒ずみの広口瓶に梅・氷砂糖と交互に入れて行く
（酢を入れる場合には最後に注ぐ）
③1日1回瓶を揺らして砂糖を溶かす。
④2週間後くらいから（氷砂糖が溶けたら）飲めます。

※凍らせた梅を使うと早く出来上がります。拾い梅は毎日少しずつなので一気に集まりません。冷凍室である程度の量になるまで溜めています。
※酢を入れると発酵しません。さっぱりした味に仕上がります。酢を入れない場合はガスが溜まるので時々蓋を開けてガス抜きします。

### 梅ジャム

**●梅シロップの梅を使う**

①梅シロップが出来上がったら梅を抜く
②シワシワ・カスカスになった梅を鍋に入れ、水をヒタヒタに入れて10分くらい茹でて柔らかくする。
③ザルにあげ粗熱が取れたら種を抜いて実を刻む（皮が硬くなっているので）
④鍋に戻し、水（梅重量の20%くらいを目安に）を入れ、沸騰後弱火で5～6分煮る。アクが出たら取る。
⑤砂糖（梅重量の10～20%）を入れ、照りが出たら火を止める。
⑥熱いうちに消毒済みの保存容器に入れ蓋をする。
⑦冷めたら冷蔵庫へ。

# いたずら女王

小三・小一・年少の三人が休みに入ると、やかましいこと！ 私は一日中文句を言いながら、散らかった物を拾い歩く毎日です。殺伐とした気持ちの時、決まって私は絵本のバムとケロシリーズの犬の「バムちゃん」を思い出します。ケロちゃんは様々やらかすのですが、そのいたずらに遭遇した時のバムちゃんは「もう、ケロちゃんたらぁ」と言いつつも決して苛立つことなく後始末をし続けるのです。あぁ～尊敬です！

我が家の末っ子シオリはケロちゃんの上を行く、いたずら女王です。

①はさみで切った千円札を手のひらに盛って「お金ふえたよ。ほらっ♪」。

②湯船にオイルとシャンプーを一瓶投入、ねっとり泡だった「アイスクリーム屋さん」。

③あぶら粘土でボールを作り、糊をこってり盛った〝手作り悪臭シール〟。

④食べかけの食品をティッシュに包んで引き出しに備蓄。ミイラ化した梅干し、カビだらけ

のパン・ソーセージ、腐ったミニトマトなど。「地震の時のためよ」と…。

バムちゃんみたいに「もう、シオリったらぁ」と笑って後始末できる日が、私に来るのかしら？

最近、何かと洗たくカゴに入りがちデス
何かをやらかした後とか失敗した時とか。
シオリ4才4ヶ月
どうした？ってたずねると、「ペロペロっ」って返事
なんじゃそりゃ
けっこうキッチリサイズ

## 警察犬並み？

二年生のアカネは自転車で走行中、交差点などで車に気付くのがとにかく遅くて、伴走している私はヒヤヒヤします。「ちゃんと見て！」と後ろから叫び続ける私にアカネが反論しました。「なにしろアカネはね、匂いと耳でやってるからさ！」。なんですと？

驚いてよく聞くと、車が来ているかまず匂う。次に車の音を聞く。交差点を渡る時に初めて目で見る、と自信たっぷり。ウソでしょ？ 改めて思い返してみると、匂いにこだわった発言ばかりだったことに気付きました。「ここ、前も来たね。匂いでわかる」「おかーちゃん、今日○○に行ったでしょ。匂いがしてる」「今日○○さんが来てた？匂いがする」「この忘れ物、○○ちゃんの匂い！」…。アカネは、頭の中で匂いを引き出しに入れていて、私に付いた匂いや家に残った匂いを嗅ぐと、どこに行っていたか、誰が来ていたかが判るらしいのです。景色や道は頭の引き出しにグチャっと入るので「覚えてない」、匂いが変わった場所は「初めて」という判断になるようです。異様に上手な虫採りでは、虫を匂いで発見していると教えてくれました。先に行ったお友達を探すのにも、目を閉じてその子の匂いをたどると会えるそうで…。

すごい鼻を持った子を産んじゃったわ～、と喜びたいところですが、そんな場合ではありません。匂いメインの自転車走行は危険が山盛りです。そして、花の香り・庭木の果実の香り・潮の香り・煮炊きの香り…と、外にあふれる素敵な匂いにどうしても先に反応しちゃって車に気付くのが遅れる、という弱点がアカネにあるのです。一人で自転車に乗り始めて3

年半、この事実を知ってしまうと今までの無事が奇跡に思えてきます。「自転車に乗っている時には一番に目を使う」。これがアカネには最高に難しいよう。「どうしても先に匂っちゃうぅぅ」と言いながらも、只今練習中です！

恒例
梅ひろい
風が吹いて実が落ちるのをひたすら待つ。落ちてきたらキャッチ！目も使えるのよー。けっこうな動体視力なのヨ。
もちろんよそのお宅の庭木
落ちたのは拾っていいよ
ここ道路
アカネ9才5ケ月
ランドセルにぎっしりつまるまで帰りません
いただいた梅は1kg超。シロップ漬けになりました。

## ちゃんと理由がありました

8歳のアカネは小さい頃から身体を制御するのが苦手です。トンネルをくぐる時は必ず頭をぶつけます。タイミングを合わせられず、トランポリンは上手く跳ねられませんし、鉄棒は前回りもできません。自転車では身体が傾き、どうしても真ん中に出てしまいますし、ペダルからよく足が外れます。袋を開ける時は引きちぎり中身が飛び出します。ペットボトルのふたは必ず落とします。コップに飲み物を注げば溢れ、洋服は食べ物染みだらけ。クレヨンや色鉛筆はしょっちゅう折り、消しゴムで消す時は紙も破ります…。同じことを繰り返すアカネに「集中して！」というのが私の口癖です。3歳児健診で医師から言われた「この子はやりづらいと思うけど、まぁお母さん、焦らずリラックスして…」の言葉は、アカネに手を焼いていた私に突き刺さり、以来ずっと焦っているようにも思います。

今日もアカネは、ジャムをべったりとシャツにつけ、お茶のコップを倒し、自分で開けたドアにぶつかって、学校に出掛けて行きました。帰って来るなり今度は、まず玄関の上りまち框（あがりがまち）でつまづき、椅子の脚を蹴飛ばし、棒アイスを半分で床に落としました。見ようによっては、惨憺たる有様です。でもね。本人はそんな事は全く意に介さず、誰に劣るとも思わず、誰かに引け目を感じることもなく、毎日本当に楽しそうに過ごしています。

私はその様子を見るたび、不注意で雑でだらしなく見えるアカネにイラッとし、「育て方が悪かったか？」とも思うようになりました。

けれど、少し前から夫が口にしていた『感覚統合』という言葉と、これまた夫が買ってきた『育てにくい子にはわけが

ある～感覚統合が教えてくれたもの』（大月書店）という本の内容が、諦めモードの私の心をまたアカネに向かわせてくれたのです。

この知識はアカネの行動を受け入れる時、すごく私を助けてくれます。感覚統合とは、脳に流れ込んでくる様々な感覚情報を目的に応じて整理する働きのこと。身体の輪郭やサイズ、力の入れ加減、姿勢の傾き、手足の動きや位置などの感覚が脳内で整理されていく時にボディイメージ（身体の自己像）が発達するのだそうです。アカネはそのボディイメージが未発達なのです、きっと。「そっと」や「丁寧に」の感覚がわからないから袋は引きちぎってしまうし、平衡感覚に不安があるから自転車や鉄棒が下手なのだと思います。その理由に至らなかった私は、アカネは雑でだらしなく思い、目に余る行動を直そうとしていました。

それに加え、昨年度アカネは学校に行けませんでした（239Pで詳しく話します）。大好きな先生と良い関係が築けなくて悩み、努力するも改善されず担任に対する恐怖が増すばかり。「自分がダメな子だから」と見る間に干からび枯れていきました。自己否定は感覚情報の取捨選択にも大きく影響するようで、何もかも上手くいかなくなり、辛い日々を過ごしました。

それが3年生の進級時のクラス替えで、担任がジュンコ先生になったことで状況は劇的に変わりました。ジュンコ先生はアカネの存在を丸ごと受けとめて「あなたはいい子よ」「あなたの発想はステキ！谷川俊太郎さんもびっくりすると私は思うわ。」といつも肯定し励まして下さったのです。枯れた心は再び芽吹き「アカネもアカネが好き」と自己肯定するまでに自信を回復しました。ジュンコ先生と感覚統合のおかげで、私の中でもアカネ独特の行動が「失敗」から「個性」へ変化した部分を感じています。「自分を認めて生きる力を得るために」親はどんな時も子どもを肯定することが大事です。でもそれって親自身、自分を肯定しなければできません。「私って素敵な親だわ♡」てね。

# ないものねだり

8歳のアカネは田舎暮らしに憧れています。家が田んぼと畑に囲まれていて、野山や川が近い所を切望しています。今住んでいるのは、田畑はないけど海に近くて空がスカッと抜けています。便利な割にのんびりしているので、暮らしやすくていい所なのですけどね。

田舎育ちの私は、子どもの頃から不便なのが嫌でした。夜道は真っ暗だし、電車は一時間に一本しかない上に終電は20時台だし、周りは田んぼだらけで初夏からは蛙の合唱がうるさくてたまらないし、虫は全部大きいし、コンビニもバーガーショップも映画館も美術館も博物館もないし、町中が知り合いでどこにいても何をしても親の耳に入っちゃうし…で、私は「育った土地が大好き！」とは到底言えませんでした。

それがアカネときたら「じいじの家に引っ越したい！」です。私はあれやこれや不便な点を紹介しました。それでも「全部素敵♡」です。「アカネはね人が作ったものばかりで暮らすのは飽きた。自分で工夫して暮らしたいの」と言うのです。私の実家に帰省時は嬉々としてじいじと散歩に出掛け、食べられる雑草を採ったり、這いつくばって蛙や虫と戯れています。アカネの理想は「山賊の娘ローニャ」（リンドグレーン作）に出てくるほら穴の暮らしなんですって。

「この子は田舎暮らしのためなら、本当に出ていっちゃうかもなぁ」と私はアカネを見て思っています。私が工夫する生活に飽き飽きして便利さを求めたように、アカネは何でも揃う生活に飽き飽きしているんだろうなぁ。私も飛び出したクチなので、アカネの気持ちはよくわかるけど本音はちょっと寂しいです。

# ルーツはこれだった

子どもの頃、私は母のことを〝友達のお母さんと違って変わってる〟と思っていました。何故にそう思ったか、当時はよくわかりませんでしたが、今はわかるようになってきました。

母は子どもとの距離の取り方が違ったのです。友達のお母さんのように、生活殆どが子どもに向いている感じはなく、なんていうか、熱くないのです。隣に座っているというより、向き合っている感じ。私は一日の出来事を洗いざらい話すタイプで、母はいつも笑いながら楽しそうに聞いてくれましたが、意見や指南はなく、たとえ何かを起こしても「よく考えなさい」と言うだけで大して叱られも責められもしませんでした。小学生時代は、喧嘩をして帰れば「正しいと思ったことをきちんと主張して来い」と家を出されました。中学生時代は一貫して「自分に恥ずかしくないことをしなさい」と言われまし

た。態度が悪く、親の呼び出しが頻発した高校時代、学校からの呼び出しに応じ続けた母。毎月散々言われただろうに、私は一切知らされず。大学入学で家を離れる時は「麻薬と人殺しはしないでね」とだけ。いつもひと言でした。

子どもに対して感情をあまり表に出さなかった母でしたが、大人になって紆余曲折した私が「結婚しようと思ってる」と告げた時は、感情をあらわにして「ラッキー！」と大喜びしたのです。私が親になった時、母は「私はあんたを『逆風でも前進できる力を持った子』に育てたつもり」と言いました。

その時初めて、母はたくさんの言葉を飲み込んで、私のことを信じて守ってくれたんだなぁと実感しました。「ラッキー！」は私の自立を喜ぶ雄叫びでした。

今は私も「僕のお母さんはちょっと変わってる」と息子に言われるようになりました。私は母とは違うタイプの親だと思うのですが、子どもとの関係の作り方は似ているのかもしれません。『子どもは本質的に親の言うことは聞かないが　親のすることはまねて育つ』というのは、児童精神科医の佐々木正美さんの言葉です。私もまた「逆境を楽しめる強さ」を持った子に育ってほしいと思っています。

第12章

# 脱イライラ&待つのは大変！の巻

子育ての中では
日々、イライラすることが
たくさんあります。

# 「でも、でも」

タクミが3歳の頃のこと。彼の屁理屈ぶりには言葉を失うことがしばしばでした。彼には彼なりの理由があるようで、私の要求に対して「でもね、でもね」と切り返してきます。当然ながらその内容は大人にとってはくだらないことばかりですから、こちらも大人の事情で強引に要求を繰り返します。息子は毎回、理不尽に思いながら従っていたのでしょう。次第に「でもね」はしつこくなり、私も段々とイライラしてきて息子のことがかわいく思えなくなってきました。そんなある日。

「でもねっ！そんなこといっても、タクはおかあちゃんがすきっ!!あーん！」（号泣）

理由は些細なことです。外出前にトイレに行け、うんちもおしっこも出ないから行かない、出なくてもいいから行け、行きたくなったらちゃんと言うから行かない、じゃあ外出しない、もう二度と外出しない。

すると息子は、泣きながらおしっこを漏らしてしまいました。私ももう引っ込みがつかず、〝ちょっと 意地悪〟と自覚しながらも、それみたことかと言わんばかりに、またねちねちと文句を言っていました。その最中の息子の叫びです。これには心底ドキッとしました。私の心境を見抜いていたとしか思えません。

動揺が治まり、気持ちを落ち着けてから私は息子に尋ねました。

「タクちゃん、おかあちゃんが何で怒ったかわかる？」

「そんなのわからないよ」

「じゃあ何で『わかった』っていうの？」

「おかあちゃんがうれしいかなって思ったんだよ」（私のため？　私はタクミのためにいってたつもりだったのに）。

「でもね、もういいよ。タクがいいこいいこしてあげるからねー」

そして息子は、私を抱きしめて「だいすきよー」と言ってくれました。

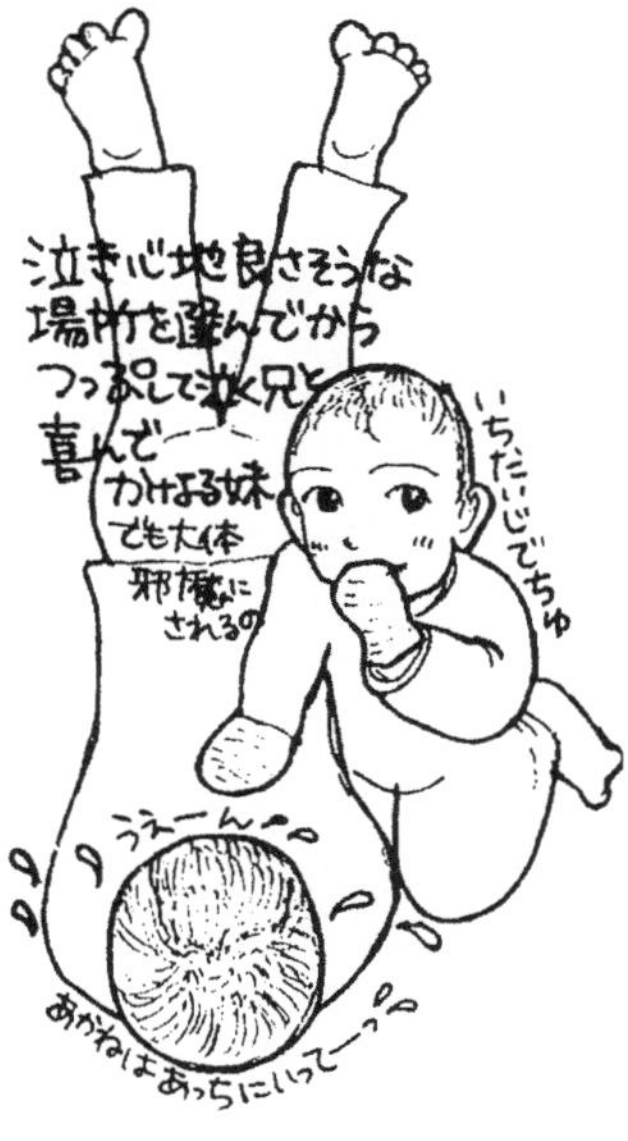

やっぱり、子どもの方が上手です。大人の事情をわかったうえで要求を飲んでくれていたのですから。先に慰められて、私は謝るきっかけを失ってしまいました。

やっと「ごめんね」と息子に言えたのは、それからずいぶん時間が経ってからでした。

## 親子の約束

年中クラスの息子タクミが、保育園で初めてケンカをして帰ってきました。夕方担任からその話を聞いた時、私は心底びっくりしました。息子はどちらかといえば温厚な性格です。恥ずかしながら私、「まさかウチの子が？」と思っちゃいました。状況を聞くと、友達とちょっかいを出しあっているうちに、エスカレートしてつかみ合いになり、双方、顔にひっかき傷をつくった、とのこと。さもないことで良かった、と思いながらも私はケンカの理由を知りたくなり、早速帰りの車の中で、実のところ何があったかを聞きました。タクミは「何の話？」

とでも言うような態度で一言「わすれた」です。それっきりケンカの話題には触れようともしません（えーいっ！詳しく聞かせろ！）。私はもどかしさでわなわなです。でも以前より少しは親として成長したつもりですからね、追及するのをグッと我慢しました。彼から話してくれるのを待とう、ってね。

　でも、待てど暮らせど、話してなんかくれません。私も聖人君子のような心境で待ちたかったのですが……ダメ親です。煩悩が邪魔して待てません。で、3時間後、じわじわとタクミににじり寄りました。ところが、タクミは私の気配と気迫を察して逃げるのです。何度時間をおいてもダメ。話す気がないのは一目瞭然です。もともと叱る気などなかったので、聞き出すのをあきらめ、私はタクミと喧嘩の流儀（大袈裟ですが）を話し合いました。そして、「ケンカはいくらでもOK。でも、相手がそのあと困ることはしない、特に目とチンチンは狙わな

い」と約束しました。あ〜、家で待つしかない親の切なさが初めてわかりました。

私も私の親と数々約束をしましたが、最後の約束は今でもよく覚えています。それは大学進学のため家を出る前夜、父親と交わしたもので「黙って結婚しない。ドラッグに手を出さない。」の2つ。他にもいろいろ言いたいことがあったでしょうに、たった2つに集約した父親の気持ち、今は少しわかるようになってきました。私も器の大きな親になりたいです。

## 「今」が大事

子育ては「待つ・聞く・受け止める」ことだと長男タクミが生まれた時に教えてもらったことがあります。肝に銘じたはずなのに5年後、私の口癖は「早くして」「だから言ったのに」「いいかげんにしてよ」でした。そんな折にシオ

リが生まれ、3度目の赤ちゃん育てが、この初心を思い出すきっかけをくれたのです。

始まりは平日の朝。時間が押し迫っているのに、マイペースな子どもたちに苛立った私が「まだできないの？」といつものように先回りして次々指示している時、「どうせおかあちゃんはぼくのことがきらいなんでしょ！」とタクミが、「アカネのこといらないから、いつもおこってる！」とアカネが爆発したことでした。「違うの！大好きなのよ」と慌てて2人を抱き締めましたが、心臓を打たれたようなショックです。大事だから言っちゃうの、という言葉と涙を飲み込み、彼らの心の歪みに気付かなかった自分を呪いました。時間と気持ちに余裕がなくなり、私は眉間にしわを寄せたオニババと化して、子どもたちが「自分で考えてする」ことを無視したのです。赤ちゃんのシオリに接する時、泣き声を聞いてその要求を受け止め、お座りや這ったりするのをうれしい気持ちでゆったり待つのに、タクミとアカネにはどうしてできないのだろう？

私には分からなかったので2人に聞こうと思い、子どもの目線まで下りました。するとそこには母が希望する結果にしようと懸命なタクミとアカネの姿。私の〝子どもたちのための〟口出しは子どもを意味なく追い立てる言い方で、彼らには〝母のためにこなす〟だけになっているのが明らかでした。時間よりも大切な子どもたちの存在にハッとして「待ってるから、一緒にやろう」という言葉が口をつきました。2人は安堵の笑顔を浮かべ、停滞した空気が流れ始めました。もっと早くこうすれば良かった。子どもの気持ちを受容し、信じて待てた時は、ずれた歯車がはまるような心地良さです。焦りを捨てると、時間にも余裕ができるから不思議。急がば回れです。私は深呼吸をひとつして、子どもの目線に下りることからやり直しています。

## 叱り方に悩む

私には2つ違いの妹がいます。彼女には小学生の男の子が2人いて、子育ての先輩。私の良き相談相手でもあります。その妹から、私の叱り方は「論点がどんどんずれているからまずい」

救世主
アカネ
「おかーちゃん
にっこりしてごらん」と
むーっと機嫌わるい私の前で
満面の笑みをして見せてくれます。
にっこりせざるをえません。
トレーニングの良きコーチです。

と指摘されました。確かにそうなんです。叱っても子ども達に伝えたいことがちっとも通じてなくて疲れるばかり。子ども達を叱らなければいけない時、どう言えばよいか分からなくて悩んでいるところでした。どうやら私の言い方に問題があるようです。私は叱っている最中、腹が立って気持ちが高ぶります。「叱る」というより「怒る」です。それで以前のことなども持ち出したりしちゃうので話が脱線していくようなのです。最近多い虐待のニュースも人ごとではありません。私は自分より大事な存在を持って、初めて自分の本当の弱さを思い知りました。感情のコントロールができなくなるんじゃないか、虐待してしまうかも…と常に危機を感じているのが現実です。感情のままに「怒る」ことが、一番マイナスの感情が生まれやすく、心身のバランスを崩す恐れを含んでいると思います。

妹は子どもたちにまず「今から○○について言います」と宣言するんだそうです。自分の冷静のため、話が長くならないために編み出した方法だそう。「話は簡潔に。一度に伝えるのは一つだけ。終わりは明確に。すぐに気持ちを切り替えてにっこりする」というのが妹の極意です。この妹の方法が正解かどうか分かりませんし、それぞれの親子関係で最善の策は違うと思います。でも一つ解ったのは、「叱る」という行為にはすごく努力が必要だってこと。私は無意識のうちに子ども達のことを自分より低く見ていたのかもしれません。頭ではわかっているのですが、彼らとの関係は上下ではなく、人として対等なのですよね。子どもたちと幸せに暮らしていくため、「叱る」から人生の先輩として「助言する」への気持ちの切り替えが私の課題となりました。

もし叱らずにすむのであればぜひそうしたい。育児をしている人なら必ずそう願うのではないでしょうか？

## 初心、忘るべからず

長男タクミが小学生に上がる時のこと。期待で胸いっぱいの本人とはうらはら、新しい環境に送り出す親としては心配が尽きません。私のような親のためなのか、保育園で小学校教師との懇談会が設けられました。学校・集団生活・授業・宿題・給食とは…と基本的な説明の後、私たち親からの質疑が受けられました。入学までに必要な学力、塾、共働きの親を持つ子の放課後の過ごし方、などの応答がありました。会は進み、教師は「最後に」と話し始めました。

「新しい生活の中では、戸惑うことが多く、子どもは不安だらけです。不安をなくす一番の方法は、褒めることです。自信は安心につながり、安心はやる気につながります。親御さんも不安でしょうが、どうか、うんと褒めて下さい。決して朝から叱らないで下さいね。私達教師は子どもからの信頼には信頼で応えます。親に内緒の話をしてくれたなら、その秘密は守ります。教師の判断で、内容を親に伝えることもありますが、秘密は共有してください。私達は『あなたがここにいることが大切』というメッセージを誠心誠意子どもたちに届けていきます。準備なんて要りません。子どもが学校に元気に来てくれるだけで良いのです。」

この話は私の心を軽くしました。「君がここにいてくれるだけでうれしい」。この気持ちを思い出させてくれた会に感謝です。

# 小一プロブレム

長男タクミは小学生になることを心待ちにしていました。でも私は「小一プロブレム」のことが気になって仕方ありません。それは「児童を甘やかし過ぎるなど、親の躾が行き届いていないことも原因の一つ」と指摘されているから。親にとってはカチンと頭にきます。

核家族で育ち、自分たちもまた核家族を作っている私達世代は「だから今の親は…」と批判を受けることが多く、一人で何役もこなさねばならず、子育てに自信がないのが現実です。私も「超」がつくほどマイペースに育ったタクミが決まり事の多い

小学校でやっていけるかを心配していました。「よく遊び、のびのび育て」と願い、育ててきた自分たちのやり方を「これでよかったのだろうか？」と疑うのが小学校入学の時期ではないか、と思うのです。心に迷いが生じると態度もブレてきます。そんな親の態度を子どもは予想以上にすぐ見抜きます。特に猜疑心はいとも簡単に伝染します。

私には「小一プロブレム」は、サポートする大人の不安定さが起因するように思えてなりません。一年生になる彼らは当然不安もいっぱいでしょう。それを不必要に煽るのは、親の不安と学校に対する猜疑心です。親が不安定な限り、子どもは落ち着くはずがありません。大人は確固とした存在で規則正しい生活を守り、太陽のように子どもを包みこむ。それで初めて、子どもは新しい環境に取り組み、楽しむ力を得ると思います。

## 小一プロブレム

小学校入学直後の児童に見られる問題行動。授業中に落ち着いて話を聞くことができず騒いだり、歩き回り、注意されると感情的になるなどして、集団行動が とれず、学校生活に適応できない。制約の少ない幼稚園・保育園と規則の多い小学校の環境の格差、家庭教育の欠落・不足による基本的生活習慣・自制心の獲得の遅れなどが原因とされる。（大辞泉より）

# 夏休みは修行の日々

夏休み、私は毎年燃え尽きた感じがします。宿題で…。子どもたちの小学校は〝遊べ子どもたち〟と教師の声が聞こえそうなほど夏休みの宿題が少ないのです。タクミが3年の時の話です。

毎夏、我が家は愛媛の実家に長く帰省します。妹家族とも合流しての900㎞の車の旅、子どもたちが心待ちにしているのは、年の近い従兄弟同士で過ごす田舎の夏です。

で、出発に臨む7月末、三年生タクミには試練がやってくるのです。宿題の計画だけは完璧のタクミは「ここまでできてないと行けない」ところができてなくて、前日に泣きが入ります。

一方、一年生のアカネは無計画。兄の宿題に付き合い、その時間はやり続けるので、どんどん片付きます。しかもタクミが泣いている時間も休まないので、一年生はやらなくていい工作やお絵かきや感想文が次々仕上がり、さらに「もっとすることちょうだい」と。比べてはいけませんが、この違い…。

さてさて、「田舎でやる！」と再燃したタクミですが、案の定泣きました。じいじが付きっきりで帰る15分前まで粘りましたが、持ち帰りです。

帰宅後、夏休みはあと5日。帰った翌日は「疲れてるから」と手を付けず、その翌日、事態を把握したのか号泣～。が、後がないのは自分でもよくわかっているらしく暴言を吐きながらも仕上げました。

泣くのに付き合い励ましながら「そんなに嫌なら忘れて行けば？」「泣いてる間にやれば終わるのに」という言葉を飲み込み続けました。男の子はみんなこうなの？と心の中で叫びながら、何十回目かの忍耐修行、させていただきました。息子よ、「段取り八割」って誰が言ったんだろうね。計画倒れでも繰り返し計画してれば、なんとかなる、と母は信じて待つよ。

タクミがまたないてるー
妹その2
シオリ4才1ケ月
えーんっっ
ぼくはぼくは…
おちゃのむ？
タクミかわいそー。
アカネ6才7ケ月
号泣する兄なぐさめる妹その1
涙は次に生かされないケド
タクミ8才11ケ月
長子とは、こんなもの？

# 学校のことを話さない

三年生タクミは学校の出来事を話しません。話すのは給食のことだけ。私も保育園の頃（173P）の経験から、無理に聞こうとせず「楽しいのだろう」と思っていました。

二学期開始後ほどなく、タクミはやたらと私にすり寄ってくるようになりました。座る私の右肩に自分のアゴをのせ「お母ちゃんの匂いは安心する～」と鼻を動かすのです。一日に何度も。私はそれも気に止めませんでした。

すり寄りを始め、しばらくした頃、担任から電話で「タクミがクラスの子と喧嘩をした。手を出さないと約束した。話を聞いて下さい」と告げられました。そこで初めて、私は学校の様子を積極的に聞いたのです。

クラスメイトの一人の女の子に言葉の攻撃を受けている、イライラがつのり、他の子と些

細な原因で取っ組み合いをしたそう。タクミは「先生に〝小さい子に手を出すな〟と言われて約束した」と言いました。それは親以外の大人との初めての約束で、担任が大好きな彼は『約束』という事実に捕らわれていました。私は担任の対応に嫌悪感を抱きました。「先生の言う小さい子ってどんな子？」と聞くと「背の小さい子だと思う」と答えます。喧嘩の相手がタクミより背の低い子でしたので当然でしょう。クラスで後ろから二番目のタクミの解釈は「僕の相手は一人だけど、小さい子はたくさんの子と殴り合いができる」です。

我が家も〝小さい子に手を出さない〟ルールですが、これは年齢が小さい子です。そして基本は手は出さないという上で「でも自分の命と、大事な人を守る時は手を出すのも仕方ない」と伝えています。タクミは「先生との約束を守れないかもしれない」と怯えていました。私も担任の意図をじっくり考えましたが、さっぱりわかりません。悶々とするのは性に合わず、面談を申し入れました。

担任に「タクミが理解しないまま約束を取り付けるのは、大人主体の収め方では？」と違和感を伝え話し合いました。話を聞いてみると私が誤解している部分もあり、結果、担任との間に風が通りました。『約束』は撤回、他の言葉でタクミに伝えられました。私も、息子のすり寄りのSOSを見過ごし、息子の心まで見失うというピンチを回避できました。喧嘩してくれてよかった。

他者と関わり社会性が育つ年齢になったタクミ。爆発だけでない、でも協調や我慢だけでもない、強いつながり方を見つけてほしい、と願います。

## 親も自分磨き

夫の実家で暮らし始めると同時に専業主婦になって3年、末っ子シオリも幼稚園に入園したので、日に3～4時間、完全に子どものいない時間が私にもできました。最初は家事と育児に翻弄され、朝、家族を送り出すと放心して何かしようなんて気は沸きませんでした。子どもたちには〝頼む〟から始まり〝せかす↓うなる↓脅す〟のオンパレード。私自身も見知らぬ土地で不安と焦りからのスタートでしたが、学校や幼稚園・町内会などを通して少しずつ友達が増えました。そして3年目「自分のための時間」を持ちたいと行動し始めました。

はじめに趣味の合うママ友と2人で手仕事をやり始めました。草木染め、フェルト作り、刺繍、糸紬ぎ、篭編み…。楽しんで続けるうちに仲間が増えました。年齢も経験も違う人達と手を動かしながら、育児の不安を打ち明け、様々な話をする内に、私は共感できる友人が近くにいる心強さを感じ、精神的な安定を手に入れました。

同時期にヨガも始めました。「雑念を手放す」意識を持ち、自分の身体と向き合うヨガは、子どもを産んで以来自分の身体は放ったらかしだったことを気付かせてくれました。身体の不調がなくなるにつれ心も穏やかになります。

「自分のための時間」は私に心と身体のほぐれを運んできました。そうなると私の毎朝の十八番〝せかす・うなる・脅す〟が徐々に減り、子どもを待てるようになってきたのです！　一年生アカネは「ニコッとしてるおかーちゃん、だ～いすき」と出掛けます。嬉しいです。

自分の時間を大事にすると他人の時間にも優しくなれるみたい。

児童精神科医・佐々木正美さんによると「お母さんは、優しいだけでいい」のだそうです。安らぎやくつろぎを与える母性で包まれ、満たされた子どもがルール（規律や規則は父性）ある世界に飛び出せる。そう育てるには、子どもの「そのまま」を承認すること、親が望む子どもになってもらうのではなく、子どもが望む親になってあげること。だと「優しいだけ」。現実、私には超難関です。

## ゆっくりでいいよ

私が通うヨガ教室のインストラクターさんが、「元気な人は落ち込むと深い。〝いつも元気な〟人ほど振り幅が大きい。どんな気持ちでも、自分の今と向き合いましょう」と話されました。なるほど、と妙に共感した私。家にいるアカネが思い浮かびました。

2年生アカネは、3学期になり学校に行けなくなりました。元気で朗らかなアカネですが、起床から気分が沈み登校前に微熱が出るのです。

私は最初、熱があるから風邪かな？ とアカネの心の影を見過ごし呑気でした。ですが、欠席を決め登校時間が過ぎると元気が戻る様子。3日目になってやっと病欠とは違うことに気付きました。お喋りが大好きなのに話せていない何かがあるようです。

それから1週間かけて少しだけ聞けたのは「怖い思いをした」「学校は好きだけど行きたくない」というものでした。他にもあるのでしょうが、重い心中を絞り出すように話してくれたことに感謝し、これからどうするか、を話し合いました。

私と夫の見解は「無理に行かなくてよい。アカネのペースに合わせるから焦らなくてよい。どんな時も全力でアカネを守る」ということをアカネに伝え、同時に学校にも家庭の方針を伝えました。家で勉強したい、というアカネの希望に添って、担任から毎日学習内容を知らせてもらうことにしました。いつもは喧嘩ばかりの兄タクミがアカネを心配し、学校と家庭を繋ぐ役目を引き受けてくれ、連絡帳が学校と家を往復します。

私も初めは全ての予定をキャンセルして在宅しましたが、四六時中一緒にいるとお互いによくない空気になりましたので、用のある時は短い時間で出かけることにしました。留守時間をきっちり伝えると安心し、読書の時間にあてているようです。学校に行けた日は「下校時は迎えに行く。早退可。保健室で休憩可」とすると、行事や給食の献立などで気持ちが上向く時は登校しようと奮起する姿が見られるようになりました。

今回の件で一番焦ったのは私です。「学校には行くもの」という子ども時代に擦り込まれた考えに邪魔されて「誰のための学校か?」という当たり前のことに考えが及ぶまで少々苦しみました。

今はあまり考えすぎずどこまでも子どもの気持ちに付き合おうと思っています。「不機嫌な声を出さない。声を荒げない」が目標です。安心して逃げて帰っておいで!

## 〝いつも同じ〟がカギ

「アカネが学校へ行くって言った時に嬉しそうな顔したらいかんよ。アンタのその表情がアカネを追い詰めて無理させるんやからね。普通にしときなさいよ」。

2年生アカネが学校へ行けなくなったのを知った私の母が、電話口で私にこう言いました（あ、私、きっとものすごく嬉しそうな顔してるわ…）。見透かされた私は、母の千里眼にドギマギしました。実際、アカネが学校に行ける朝、私の声は弾んでいたと思います。平静でいるのがすごく大事だとずいぶん前に知っていたのに。

アカネ8才2ヶ月
ねえねえ…
あのね…
それでね…
それからね…
でね…
延々続くお喋りは安定している証。これを守ってやらなくちゃね！
笑顔が戻りますように！

この時思い出したのが、静岡から大阪に引っ越した6年前のことです。その当時、タクミが年中で幼児クラス、アカネが2歳児の乳児クラスで静岡市の保育園に通っていました。

退園の日、タクミの担任は「タクちゃん引っ越すんだよね。さよなら」。もう会えないのに、毎日の挨拶と同じ声のトーンと同じわらべ唄で別れました。タクミもいつもと同じように「バイバイ」。なんともそっけない別れです。その直前、私は乳児クラスで担任と語り合い涙の別れをしてきたところでしたので、そのギャップに拍子抜けし、あっけにとられながら保育園を出たのでした。

でも引越し後、静岡を引きずることなく大阪の新しい環境に馴染んだタクミを見て、私は退園時の配慮に気付き、深く感謝したのです。

あの時、担任とタクミが大人のような涙の別れをしていたなら、きっとタクミは「戻りたい」となったでしょう。悲しさや寂しさが分かる年齢になっているタクミに、担任は敢えて「いつもと同じ」態度で別れてくださったのです。

反対に乳児の担任は、別れの寂しさを私と共有して新しい生活を応援してくださいました。おかげで親子ともども前を向くことができ、何より「いつもと同じ」が、子どもの不安を取り去ることを知ったのでした。

私は目標として自分に課した「不機嫌な声を出さない、声を荒げない」を気にするあまり、表情には無頓着でした。声はご機嫌だけど顔が不機嫌、なんてことが頻発だったかも。ダメダメです。子どもって全身全霊で親を感じ取っていて、大人が思うよりはるかに繊細で敏感なのですよね。アカネが学校に行けなくなったからこその気付きです。修行だなぁ。

# 継続は力になると信じて

『計測だ、高いぞ身長、１５０』。

４年生のタクミが読んだ句です。本を読むのは大好きだけど、文字を書くのは大嫌いな長男タクミ。嫌いなので書くスピードも亀のように遅いのです。授業のノートが追いつかなかったり、テストでわかっているのに時間内に書けないことが出てきました。

そこで、少しでも文字や文章を書くことに慣れてもらおうと2年前に始めたのが日記つけです。しかし「学校へ行った」「特に何もなかった」など、やらされている感たっぷりの文章が毎日続き、何も伝わってきません。日記を見せられる私も苦痛で感想も言えず、苦戦していました。

そんな時、学校の国語が俳句と短歌の単元だったのを知り、日記も五七五調でつけない？と提案してみました。するとこれがタクミの琴線に触れたらしく、これでもかというほどにしつくしていた「日記書いてね」の声掛けをするまでもなく、持ってくるようになりました。

『今日はねえ、日直はぼく、緊張だ』

『おこづかい、四十二円、足りないよ』

『今日は雨、くつの中まで、びしょぬれだ』

その日の出来事で、タクミの心に残ったのが何だったかが見え、面白くて私もせっせと返歌すると、ちょっとした交換日記となりお互いに楽しみになりました。

そうなると不思議なもので、つまらない日記の時には興味を示さなかった夫も毎夜見るようになり、妹たちは2人一緒にチェックするのが日課になりました。

『大きさが、三十センチの、ツララだよ、なんて長さだ、これにはびっくり』

初めて見たツララの驚きは五七五では足りなかったらしく、七七がおまけされていました。最初の頃のそっけない文章からみると大進歩です。

「腹減った、ごはんまだなの、はやくして」（タクミ）

「今してる、お風呂洗って、待ち時間」（私）

「無理無理無理、洗う間に、倒れちゃう」（タクミ）

「大丈夫、そんなすぐには、倒れません」（私）

「仕方ない、バナナ1本、食ってやる」（タクミ）

こんな調子で、タクミが五七五で会話してきた時はこちらもそれで返します。『おかあちゃん、おやつのようい、しましたよ』（5歳シオリ）。『おかあちゃん、いっぱいねたね、おはようさん』（8歳アカネ）。

昼寝から起きた私の枕元に2人の句とともにクッキーとコーヒーが置かれていました。毎日見ているだけですが、妹2人も楽しさを感じ取っているようです。

# 子の振り見て我が振り直せ

夏休みは嫌というほど子どもたちと過ごす時間があります。普段できないことが色々とできて楽しいのですが、なにせ長いのでうんざりな時もあり、そういう時ほど子らの言動が気になり目が離せません。

おまけに我が家の3人は朝から晩まで兄妹喧嘩をします。殆どはスルーしているのですが、アカネが兄や妹に対して言う「バカじゃないの？」の捨て台詞が気になり「それやめない？」と言うと「お母ちゃんが言うもん！」と言うではありませんか。

「うそ?!」冷や汗…。

「お、お母ちゃんもやめるからアカネもやめよ」と、しどろもどろになります。つい出た言葉でも、後で子どもたちが反復するのを目の当たりにすると、思わず制止してしまうほどよろしくない。無意識で言うのもいかんなぁ、と反省していると、一年ぶりに会った妹に、これでもかと指摘を受けました。

タクミのだらしなく見える部分を指摘しすぎ。積み重ねた言葉が棘となって自信を失い、何かの時に一歩が出なくなるのではないか。アカネには畳み掛けるように次々に言いすぎ。アカネが完全にコピーしてシオリに対して同じ言い方をしている。シオリに対する態度がちょうど良いように思える、と。はぁ～、反論の余地はございません。ズシッときましたぁ。

確かに、叱っている最中にアカネから「考えてるから、ちょっと待ってよ。言わないで！」と言われます。声色を普通にして冷静を装っているのだけど止まらない。タクミは聞いているんだかいないんだか分からないし、「休憩～」と休んでばかりの態度が目につき、私は部屋の入り口を塞いで仁王立ちし、細か～く指摘しちゃう。反対にシオリはほとんど何でもオッケー。元気だからいいか、って思うのです。一体私は子どもたちをどうしたくて気負っているのでしょう。自問自答は続きます。

## たまには「お一人様」を

日中子どもたちとあれこれバトルして、夜反省し「明日はガミガミ言わない」と誓いながら就寝するも次の日、ガミガミババアに変身してしまい、夜中子らの寝顔に謝り「明日こそは絶対プンスカしない！」と誓うのにまたまた怒り爆発、魂が口から抜けそうなほど疲れ、夜に猛省しながら泣けてくる、という日々を過ごしていた私。次第に前日の怒りを次の日に持ち越すようになりました。

怒りながら目覚め、朝の挨拶や見送りの言葉も出なくなり、どうしたら笑顔になれるかわからなくなりました。微笑んだら負け、くらいに思い何もかもに嫌気がさし、「お母ちゃんは家出します！」と言い残して、発作的に家を飛び出したことがあります。

電車に乗って、子ども連れでは絶対入れないような所ばかりを選んで巡り、一人で飲食店に入り自分のために注文し、冷めないうちに食べ、喫茶店でゆっくり本なんか読んで…。そ

のあたりで「ほうらね、子どもがいないからできることは楽しい」と心の中でつぶやいているのに気付きます。つぶやき続けないと楽しめない自分がいました。家出という当てつけのような選択を後ろめたく思っていること、そのくせどの店でも、無意識に子どもの物を買っていることにも気付きます。激高した気持ちが収まってくると家族に会いたくなります。

でも一人になってはじめて、子連れで出掛けた時に私がどれだけ細々注意しているか気付きました。公共機関で子どもを静かにさせようとしている私がきっと一番うるさい。夫に「まぁまぁ」となだめられて「だったらあなたが言ってよ！」と逆に食ってかかった時も、私が一番うるさい。周りが見えなくなって、自分がやってることだけが正解だと思い込む。危険です。母親だって一人の時間が必要です。自分の意思で少しの時間でも離れると子どもとの再会が新鮮で嬉しいものになります。でも経験上、闇雲に飛び出すと後ろめたさが先に立ち楽しめない。それからは、私がいなくても子どもたちだけで過ごせるという彼らのスキルを信じて、「私、考えたいことがあるから、お一人様で出掛けいい？」と尋ねます。もちろん子どもの年齢にもよりますけどね。了承されて手に入れたお一人様は私にとって貴重な時間です。

## 子どもから教わったこと

この夏、３番目シオリが庭で育てたスイカのできが良かったので、お楽しみ企画でスイカ提灯を作りました。子どもたちが制作に飽きて私が一人で楽しんでいるところに遊びに来た二年生アカネの友だちが、

「アカネママ、何してるの？」と言うので提灯作りのいきさつを説明すると

「何でそんな無駄なことをしてるの？」と聞かれました。

予想外の質問に私は即答できず、
「楽しいからだけど…ダメ？」と答えると、
「ふ～ん、ダメじゃないけど、大人が無駄なことしていいの？ それって結局ゴミになるんでしょ」ですって。

その後の女子二人の会話。
友「大人はしなくちゃいけないことだけするんだよね？」
アカネ「うちのお母ちゃん、大人だけど結構無駄ばっかりだよ～」
友「そういえばアカネちゃんち無駄なもの多いよね～」
アカネ「そ。お母ちゃんが好きなんだよね～。アカネはそれに似て無駄が大好きなんだ～」

スイカ提灯からなんという会話でしょう。これを聞いて考えてみたら…私の生活って無駄ばっかりかもー。しかも気付いてなかったー。私はちまちました手仕事が好きで、次は何を作ろうと考え続けています。無くても困らない、〝無駄〟なものに、とてつもなく幸せを感じるので、そんなものがどんどん出来上がります。そして私の作業の無駄度が上がるほど我が子たちの食い付きは良くなり「今度は何作ってんの？ 一緒にやらせて」と参加してきます。

作業に集中するあまり時間を忘れ「ご飯つくってない！」と慌てることもしばしばですが、この魅力には勝てません。

それなのに私、子どもたちには「すべき事を先にやりなさい」とばかり言い、子どもはゴミになるものばかり作る、と内心思っていることに気付きました。恥ずかしいのですが、女子2人の会話を聞くまでは、自分のことは棚に上げていることさえ気付きませんでした。私は子どもたちに少々口うるさすぎました。無駄な空間・無駄な時間・無駄なお喋り…。私にとって〝無駄〟は、頭を休め心の余裕を生み出すために必要不可欠です。それは子どもにとってもきっと同じ。『無駄が多い大人』の称号をもらった者として、子どもたち自身の無駄も認める人間を目指します！

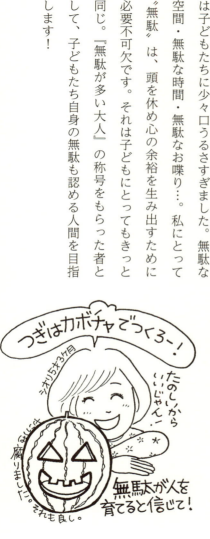

# おわりに

子育てって聞くとするのじゃ大違い。私は育児を始めると何も分かっていなかったことに気づきました。そして子どもたちと一緒に、保育園、幼稚園、学校に育てられ、慰められ、鍛えられました。私の場合、最大の難所はやはりてんこ盛りのアレルギーを持つ上2人との生活でした。でも、そこで先まわりして想像で絶望するのではなく、子どもの今の状態にだけと向き合うことを覚えました。当時信頼していた保育園の先生がかけてくださった「お母さん、よく頑張ってるね」の言葉も私の支えとなりました。おかげで腹が座り、図太い母ちゃんにもなりました。

専業主婦の想像を超える忙しさに、楽だと決めつけていたことも反省しました。『○○のお母さん』であるだけの毎日は世界を狭くし、周りの幼稚園ママたちの子育てが、私よりははるかに上手く見えて焦りました。思い通りにしようと子どもたちを誘導し、上手くいかないことは子どものせいにしてイライラ。「子どもって基本かわいいよね～」というママ友の何気ないひと言に打ちのめされました。そう、子どもは可愛い。それに尽きるんです。

子どもが産まれる前、遊び暮らしていた三十路だった私は、「おばちゃん」と呼ばれることに抵抗し、夜ふかしとおやつをこよなく愛していました。でも第一子を産んで間もなく、別人になりました。夜は9時に寝るし、三度の食事が何より大事になる。妊娠を理由に職を失ったことあり、保育園の待機で働くに働けなかったことあり、保育料が給料を上回ったことあり、めげたり、禿げたり、鬱になったことありです。

私がこんなふうになるなんて！と愕然としつつも、次々に湧いて出る事案を必死に処理する間に、気付けば子どもが勝手に成長した気がします。

今では「早く」と急かされるのは私。私が思春期だった頃、私の中で母は「クソババァ」でした（反省してます）。ですので私も「クソババァ」と言われても怒りをグッとこらえて、飯炊きに励みたいと思います。

子育てエッセイを書くチャンスを下さった百町森の柿田さん、本にするのに奔走してくださったデザイナーの相沢さん、Spiel-Spurの川島さん、マイルスタッフの山下さん、ありがとうございました。そして私に話題を提供し続けてくれる家族、ありがとうね。

［著　者］横山路子

［編　集］山下有子
［デザイン］山本弥生

# 子育ては、なんとかなる!

2019年 9月 2日　第1刷発行

発行人　山下有子

発　行　有限会社マイルスタッフ
〒420-0865 静岡県静岡市葵区東草深町22-5 2F
TEL:054-248-4202

発　売　株式会社インプレス
〒101-0051 東京都千代田区神田神保町一丁目105番地

印刷・製本　株式会社シナノパブリッシングプレス

乱丁本・落丁本のお取り換えに関するお問い合わせ先
インプレス　カスタマーセンター
TEL:03-6837-5016　FAX:03-6837-5023
service@impress.co.jp（受付時間／10:00〜12:00、13:00〜17:30 土日、祝日を除く）
乱丁本・落丁本はお手数ですがインプレスカスタマーセンターまでお送りください。
送料弊社負担にてお取り替えさせていただきます。
但し、古書店で購入されたものについてはお取り替えできません。

書店／販売店の注文受付
インプレス　受注センター　TEL:048-449-8040　FAX:048-449-8041
株式会社インプレス　出版営業部
TEL:03-6837-4635

 ISBN978-4-295-40349-4　C0037